JN106659

広告コピーってこう書くんだ！読本

谷山雅計

広告コピーってこう書くんだ！読本

〈増補新版〉

本書は2007年に出版された『広告コピーってこう書くんだ！読本』の増補新版です。

旧版の内容に一部修正を加えつつ、巻末には発刊から17年後の目線で、時代の変化をふまえた補足説明や、読者の反響を受けての解説などを「後日談」としておさめています。

谷山雅計

たにやままさかず

コピーライター、クリエイティブディレクター

1961年大阪府生まれ。東京大学教養学部アメリカ科卒。84年に株式会社博報堂に入社。その後、97年に谷山広告を設立。現在まで一貫して広告コピーを書き続ける。おもな仕事に、新潮文庫「Yonda?」、東京ガス「ガス・パッ・チョ！」、資生堂／TSUBAKI「日本の女性は、美しい。」、東洋水産「マルちゃん正麺」、ユニリーバ「採用の履歴書から顔写真をなくします。」などがある。TCC賞、朝日広告賞、毎日広告賞、新聞協会広告賞など受賞多数。

目次

第2章　もっと伝えるために。

第3章　コピーを超えるコピー。

※本書ではリーダビリティーの観点からＴＭや®などの表記をしておりません。

編集ディレクション　松永光弘
装丁・本文デザイン　水口克夫　尾崎友則
ポートレート撮影　水野百合江

序章

はじめに
「発想法ではなく、発想体質を。」

いまやスポーツの世界って、すごく論理的です。

ひと昔前は「スポ根」という言葉のとおり、「とにかく練習しろ、練習しまくれ、走れ走れ」と根性論がまかりとおっていましたが、もはや本格的にスポーツに取り組んでいる、たとえばオリンピックに出るような選手で、そういうトレーニングをしている人は、たぶんひとりもいないはずです。どの競技でも、フォームや一歩あたりの歩幅なんてことまで科学的に分析し、最大限に能力を発揮できる方法論を追求しています。

これはぼくの想像ですが、「気合いだっ！」で有名なあのアニマル浜口さんでさえ、気合いを口にするのはある種のパフォーマンスであって、練習のときは論理的に取り組んでいるはずです。

なぜなら、アニマル浜口さんは元ボディビルダー。ボディビルほど、どこをどう鍛錬すればここにこういう筋肉がつく……と論理的に自分の身体をつくっていくトレーニング方法ってありませんから。

それに比べて、コピーを書いたり、ＣＭ企画を考えたりといった広告制作の作業はどうでしょうか。

本来は頭脳労働なのですから、スポーツ以上に論理的なのが当然になっているのかというと、意外にそうでもないところがある。どう考えればいいアイデアが生まれるのか、どのようにすればすぐれたコピーが書けるのか、そして、それを書ける人になれるのか、という「鍛錬」や「トレーニング」の部分が、いまひとつきっちりと説明されていないように思うのです。

ひらめきや直感、感性あるいは才能などという言葉で曖昧にしたままで、けっこう多くの人が、「いつか自分にもいいアイデアが降ってくるかも」などと漠然とした考えをもっていたりします。

ちょっとキツイ言い方をすれば、アタマのなかが〝ブラックボックス〟になっているわけです。なんだかわからないけども、考えていれば、あるときフッといいアイデアが浮かぶ。そういうものだと思っている。

これでは偶然を待っているだけです。たまたまいいアイデアが浮かぶことがあったとしても、同じことを何度もくり返せるとはかぎりません。

もちろん、世の中には、自分がなにをどんなふうに考えたかをしっかり把握しないままでも、何度でもすぐれたアイデアを生み出すことができる人もいます。いわゆる〝天才〟と呼ばれる人たちです。

彼らはたいてい、講演や雑誌のインタビューなどでも「自分を信じろ」「感性で勝負しろ」「理屈で考えるな」などと主張します。

でも、それはある特別な資質があるからできることなのでしょう。彼らの話は、聞く人に元気を与えてくれるかもしれませんが、真似をするのはちょっと難しい。

もっと確実なのは、まずはアタマのなかの〝ブラックボックス〟を、明らかにしていくことではないでしょうか。

発想法ではなく、発想体質

ただし、ここでいう「ブラックボックスを明らかにする」とは、「特別な発想法を使えば、ポンとアイデアが出てくる」という意味のものではありません。

発想法に頼るということは、スポーツでいえば、100メートル走のときにスタートラインにしゃがみ、クラウチングスタイルを取ってから、「どうやったら速く走れるだろうか、いいタイムが出せるだろうか」と考えるようなものです。

言うまでもないことですが、スタートの直前にちょっと工夫したぐらいで、タイムが伸びるはずはない。速く走るためには、競技会以前から、きちんとしたトレーニングをする必要があります。

これと同じで、広告制作でも、本当にいいアイデアやいいコピーは、発想法を知ればすぐに誰にでもつくれるというものではありません。

ふだんから、発想ができるような体質、つまり自分のアタマを〝発想体質〟にしておく必要があるわけですね。

あなたをこの〝発想体質〟〝コピー体質〟に変えていくために、この本では31のヒントをお話ししたいと思います。

「なんかいいよね」禁止。

まず、「発想体質」をつくるために、ふだんの生活のなかでなにを考えるべきかという話からはじめます。

「必ずこうしなければいけない！」というルールではありませんが、もしあなたが、いいコピーを書きたい、すばらしいアイデアをつくりたいと心の底から思っているのなら、ひとつだけお願いしたいことがあります。

明日から、あなたの毎日の生活のなかで、「なんかいいよね」という言葉を禁句にしてほしいのです。

あなたは、いい映画を見てドキドキしたり、いい音楽を聴いてホロッとしたり、いい小説を読んでジーンとしたりしたときに、しばしばこういう言葉を発してはいないでしょうか。

「なんかいいよね」「なんかステキだよね」「なんかカッコいいよね」と。明日から、それをきっぱりとやめにしてほしいのです。そして、かわりにこう考えてみてください。

「なぜいいのか。これこれこうだからじゃないか」「なぜカッコいいのか。こういう工夫をしたからじゃないのか」と。

こういう思考を働かすことができなければ、賭けてもいいですが、あなたはけっして「モノのつくり手」になることはできません。一生、「受け手」のままで終わると思います（もちろん、受け手でいることがダメだというわけではありませんが……）。

だって、考えてもみてください。

たとえば、ここに『パルプ・フィクション』という映画がある。見たあなたは「なんかカッコいいよね」「なんかすごいよね」を連発して、大満足かもしれない。

けれど、それをつくったタランティーノ監督は、「なんかカッコいいぞ」「なんかすごいぞ」と思いながら撮影したわけではありませんよね。「ここをこう撮ったら、こうカッコよくなる」という、きっちりした計算と思考のもとに行動しているわけです（もちろん、つくり手が意識していない部分も、作品のなかの何パーセントかはあると思いますが）。

じゃあ、もしタランティーノのようなつくり手に少しでも近づきたいと思うなら、あなたも同じような〃考え方〃を実行するしかありません。

ホント、受け手とつくり手の違いって、ただひとつ、これだけなんじゃないかとぼくは思います。

受け手は、一生、「なんかいいよね」「なんかステキよね」と言い続けます。「つくり手」は、「なぜいいのか。これこれこうだからじゃないか」と考え続けます。

広告の世界でも、いい仕事をしている人は、やはり「なぜ」を考え続けている人です。

ぼくがもっとも尊敬するアートディレクター氏は、あまり本を読みません。映画もけっしてたくさん見ているほうではないと思う。まあ、スターウォーズとかの話題作は見ていると思いますが。

けれど、彼は道を歩いているだけで、つぎつぎに「なぜ」を見つけてしまうナチュラルボーンな〝思考体質〟の人です。「あの看板、なんか目立つな。なんで目立つのかな」「あの男ちょっとカッコいいな。なんでカッコいいのかな」という具合に。

もちろん、そこまで常軌を逸してスゴイ人には、誰でもなれるというわけではありません。

ただ、明日から「なんかいいよね禁止」を守って、「なぜ」を考える。

これを、もし5年間続けることができれば、どんな人だって、なんらかのモノをつくれる人になれるはずだ。ぼくはそう信じています。

第1章　生きたコピーの書き方。

なぜ「たくさん」書かなければいけないか。

世の中に出ているキャッチコピーは、たいていひとつの広告につき1本です。

でも、たった1本でも、多くの場合、それはサラッとペンを走らせて、即興のように書かれたものではありません。さまざまな思考のプロセスを経て、その結果として書き上げられたものがほとんどです。

その1本のために、どういう準備が必要なのか——ケースによっても異なるでしょう。あるいは書く人によっても違いがあるかもしれません。

ただ、共通して大切なことがあります。あまりにも当たり前のことかもしれませんが、それはコピーの原案をできるかぎり「たくさん書く」

ことです。

こういう話をぼくがすると、「山のように書くぐらいの気合いがなければダメだ」と単に根性論を強調している人に思われてしまうかもしれませんが、そうではありません。「下手な鉄砲も数撃てば当たる」と数で勝負することをすすめているわけでもありません。たくさん書くことには、たくさん書くだけの「根拠」がしっかりとあります。

このことは「コピーを書く作業」が、そもそもどういうものなのかを考えてみるとよくわかります。

コピーの〝書く〟は、「散らかす↓選ぶ↓磨く」

コピーを「書く」作業は、一見するとひとつの動作のように見えますが、じつはつぎの3つのステップから成り立っているとぼくは思います。

最初のステップは「散らかす」。コピーを書こうとしているひとつの商品や企業から、できるだけ多くの切り口や視点を探していく作業です。この段階では取り組んでいる課題について、それこそ360度の角度から、〝書き散らかして〟いきます。

2番めのステップは「選ぶ」。ひとつめのステップで散らかしたたくさんの切り口のなかから、単に「自分はコレが好きだ！」というお気に入りを選ぶのではなく、「受け手にとって本当に意味があるものはどれか」という視点で選び出す作業です。

最後のステップは「磨く」。選んだものを、受け手にとってわかりやすく印象深いものにするために、言葉をブラッシュアップしていく。

コピーを書きはじめた頃の人はとくに、この1、2、3を順に頭のなかでこなすことが、基本として大切なんじゃないかとぼくは思っています。

そして、こういう3つのステップで成り立っているからこそ、1の散らかす作業、散らかす能力が、大きな意味をもつわけです。

だって、1が足りないと、ちょっとしかないもののなかから選ぼうとしても、2の選ぶ能力が身につくわけはない。さらに、その無理やり選んだものを磨こうとしても、3の磨く能力も向上するわけがない。

「散らかす＝たくさん書く」は3つのステップの入り口だからこそ、その部分がいちばんカンジンになってくるのです。

はじめの目安はひとつの課題につき100本

では、どのぐらいの数のコピーの原案、切り口を〝散らかさ〟なくてはいけないのでしょうか。

あくまで目安ですが、ぼくが考えるのは、ひとつの課題について最低でも100本。いきなりこれを言うと、おじけづいちゃうかもしれませんが。

でも、安心してください。コピーライターとして仕事をしているかぎり、ずっと案件ごとに100本ずつ書き続けなければいけないというわけでもありません。

経験を積んで、とくにステップ2つめの「選ぶ」能力がきっちり身についてくると、「散らかす」作業を頭のなかでしながら、「この視点は意味がないな」「この切り口のほうが大切だな」と「選ぶ」ことができるようになります。要は、1、2のステップがひとつになるということですね。

すると、コピーを書かなければいけない本数も減って、たとえば50本ぐらいで、十分すぐれたものが書けるようになる。

さらにもっと経験を積んで、腕が上がってくると、〝散らかし〟ながら、〝選んで〟、〝磨く〟ことが、いっぺんにできるようになる日も、いつか来ます。ここまでくれば、20本や30本で、人を動かすことができるようなコピーが書けるはずです。

ただし、これはかなりレベルが上がった人の話。書きはじめの人には、原則、あくまでも3つのステップを順に頭のなかでこなすことを、ぼくはオススメします。

コピーライターを志している人や広告の学校の生徒には、3つめの「磨く」ばかりを気にかけている人がたくさんいますが、それ以前の「散らかす」「選ぶ」のステップをないがしろにして、すぐれたコピーを生み出すことはなかなかできません。

言いまわしや言葉の使い方の部分は、表面的にはコピーがもっとも魅力的に見える部分ですから、思わずそこに惹かれてしまうのでしょう。でも〝磨く〟ことばかりを考えたコピーは、ちょっと見は気が利いた表現のようでも、広告本来の目的である「人を動かす、モノを動かす」要素が欠けていたりします。

それは結局、広告のメッセージやコンセプトというものが、たくさんの視点を「散らかす↓選ぶ」して、はじめて確固たるものになるからでしょう。

そこをサボって言葉の表面や語尾を〝磨いた〟としても、それはなんだかカッコいいフレーズなんだけど、なんのために存在しているのか、目的がハッキリしないものになってしまう。注意が必要です。

一晩で１００本コピーを書く方法。

１００本もコピーを書けません――。

コピーライターをめざす学生やコピーを書きはじめてまもない人に、「散らかす」ことをすすめて、「翌日までに、これだけの本数を書くように」と伝えると、多くの人がびっくりしてこう答えます。

おそらく彼らは「一晩でひとつの課題に対して１００種類の独立したアイデアを考えるのは難しい」「自分には、そんな発想力がない」と思っているのでしょう。

でも、１００本のコピーを書く作業は、けっして特別な能力がなければできないことではありません。じつはそれなりにテクニカルな取り組み方があるのです。

コピーを書くときには、なにか書く対象となるモノがあるはずですが、それはただひとつだけで世の中にポコッと存在しているわけではありませんよね。いろいろな人やほかのモノとの関係をもっているはずです。

ものすごく単純に言えば、その関係をひとつずつ、原稿用紙に書いていくといい。

そうすれば、たくさんの本数のコピーを書くことができます。

たとえば、自分の知り合いを100人思い浮かべてみてください。そして、その100人とコピーを書こうとしている対象との関係をひとつひとつ考えていく。

書くべき対象がビールなら、「おじいちゃんとビール」でも、「父親とビール」でも、「赤ん坊とビール」でも、「○○先生とビール」でもいい。

100人思い浮かべれば、とりあえずは100種類のコピーが書けるわけです。

それでも足りなければ、「宇宙人とビール」でも「織田信長とビール」でもなんでもかまわないから、とにかく関係性を増やしていく。こうして考えていけば、質のことはともかくとして、コピーはいくらでも書くことができます。

「100本も書けない」「そんなに思いつかない」と思っている人たちが書いたコピーをみると、ほとんどが「自分とビール」だけでとどまってしまっていて、さまざまな関係性に目を向けていません。

あるいは必死で書く対象自体を描写しようとして、ビールならビールで、ビールそのものがまるでこの世界に単独で存在しているかのようなコピーになっている。

世の中のたくさんの人との関係を書こうとしないから、どうしても広がりに限界が出てしまうのです。

ぼくがこのことに気づいたのは、大学生の頃、仲畑貴志さんがクリエイティブディレクターをしていたリクルート『週刊住宅情報』の広告シリーズに出会ったことがきっかけでした。

「女房のおやじに、家の一軒ぐらい持てん奴は・・・と言われたときは、ムッとした。今、ムスメの彼に、同じことを言っている。順ぐりだね。」といったようなコピーがたくさんあって、電車の中吊りで展開していたものです。

『週刊住宅情報』のコピーとなれば、単純なコピーライターは「本の厚さが何百ページで、そこに何千件の情報が載っている」ということを伝えようと考えがちです。

でも、この広告シリーズはそうではなく、『週刊住宅情報』という情報誌の周辺にある「住宅とさまざまな人との関係」を書いていた。

それを見て、「そうか、関係性をつかまえていけば、コピーはいくらでも書けるものなんだ」と実感したわけです。ぼく自身が、たくさんの本数のコピーを書けるようになったのも、本当に学生のときのその気づきからでした。

他人の気持ちを〝カッコつき〟でわかってあげる

この、人とモノとのさまざまな関係性を考えていくうえで、じつは忘れてはいけないことがひとつあります。それは、他人の気持ちを〝カッコつき〟でわかってあげようと考えることです。

女房のおやじに、
家の一軒ぐらい
持てん奴は……と
言われたときは、
ムッと
した。
今、
ムスメの彼に、
同じことを
言っている。
順ぐりだね。
情報が多い。だから、質も高い。
週刊住宅情報
リクルート (03)571-1111 〒104東京都中央区銀座8-4-17
10月19日号
15.000物件
¥200
◎プロとアマではこんなに違う。実演！モデルルームの見方。◎書斎に注目！物件リスト付。
◎沿線徹底研究〈横須賀線・京成本線〉。

リクルート／週刊住宅情報

たとえば、一時期、おすし屋さんが、妙にインテリアに凝って、「すしバー」みたいなお店がはやったことがありました。ぼく自身は個人的には、絶対にあんなところですしを食べたくないな、やっぱり江戸前の店で食べたいな、と思った。でも、すしバーに行きたくなる人の気持ちもすごくよくわかるんですよね。

結局、「自分とすしバー」という関係性だけだったら、「オレはあんなところに行きたくない」で終わってしまう。

でも、「あれはあれで好きな人たちは、こういう気持ちで行きたいんだよね」と〝カッコつき〟で、その人にとっての正しさやその人にとっての幸せを考えてあげることができれば、自分と違う人たちとモノとの関係性が見えてきます。

こういう考え方ができるようになると、いっぺんに視点が広がるような気がするんですよね。

そして、もうひとつ。同じ理由で、昔の自分が感じた気持ちをきちんと覚えておくこともとても大切です。

ほかの人の気持ちをわかってあげるのと同じように、昔の自分の気持ちを覚えておくことで、本当にたくさんの気持ちを自分のものにすることができます。

人間って、いまの自分がかわいいから、いまの自分を中心に考えて、昔の自分を忘れようとしたり、否定したりしがちです。でも、「あのときに自分はこう思った」という気持ちは、いまの自分にはない大切な視点なんです。

たとえば、ぼくは独身時代、「子どもが大嫌い」でした。その気持ちは、その後、結婚して子どもができると、当たり前のように「子どもはかわいい」に変わってしまったのですが、ただ、そのときに「子どもが大嫌いだったという気持ちを一生忘れないようにしよう」と強く思ったんです。「子どもが嫌いなんていうのは、きみがまだ〝青い〟からだ」と他人に説教するようなオヤジにだけはならないようにと思った。

だって、もしいまの自分の感性や主義にこだわって、独身時代の自分の気持ちを「まだ若くて、なにもわかってなかったから……」と否定してしまえば、ぼくには子どもが嫌いな人の気持ちがわからなくなる。

でも、それを忘れずにいれば、「子どもはかわいい」と思う視点と、「子どもが嫌い」という視点を、両方とももつことができます。

コピーは、自分と同じ価値観をもっている人たちに向けて書くだけではありません。ときには自分とはまったく異なる価値観や正反対の意見の人たちに向けて、メッセージを発信することもあるわけです。

そう考えると、いま現在の自分の考え方を「これが正しい！」と決めつけすぎることなく、昔からいまに至るまでのさまざまな視点を、自分のなかに蓄積していくことが、いかに大切かわかるのではないでしょうか。

ボディコピーの書き方（超カンタン版）。

上手なボディコピー[※注]を書きたいと思うなら、いきなりボディコピーを書こうとはしないことです。

まずはキャッチコピーを書くことからはじめるといいでしょう。対象となるモノについてのキャッチコピーを、たとえば100本書く。そして、その100本のなかのいいものをいくつかをつなぎ合わせてみる。順序を考えて、長ければ不要と思う部分を削ったり、足りないところを足したりしながら、キャッチコピーの組み合わせで文章をつくっていく。

そうすれば、ボディコピーだけを書こうとしたときとは比較にならないくらい、説得力のあるボディコピーをつくることができるはずです。

なぜそんなことができるのでしょうか。

最大の理由は「ボディコピーのよしあしは、文章力で決まるものではなく、対象物への思考の深さで決まる」ことにあります。

ときどき「自分は文章がうまくないから、いいボディコピーが書けない」という人がいますが、多くの場合、原因は文章力ではありません。書こうとする「中身」をもたずに、とにかく原稿用紙のマス目を埋めようとするからうまく書けないのです。

キツイ言い方をすると、文章が下手とか、書くのが苦手とかという以前の問題で、内容をよく考えていないだけ。中身がないから、どう書いていいのかわからない。いい文章になるはずもない。

でも、キャッチコピーを100本書いたあとなら、その1本1本の出来のよしあしはともかくとしても、少なくとも書くべき対象について、時間をかけて、たくさんの視点から考えつくしているはずです。深く掘り下げて考えてもいるし、書く対象についての理解も深まる。自分のなかに書くべき内容が蓄積されて、絶対に書かなくてはいけないことと、それほど必要性のないこととの見きわめもできているでしょう。

当然、いきなり書いたボディコピーとは、視点のユニークさで差がつきます。なによりも説得力が違うはずです。

じつはぼく自身も、けっして文章がうまいタイプではありません。とくに文と文のつなぎ方や読みやすい流れのつくり方なんかは、うまい先輩に比べても「ホントにまだまだだなァ」といつも感じています。それでもそれなりに人を動かすボディコピーが書けるのは、文章力で勝負しようとせず、「なにを伝えるか」の中身を吟味しているからです。

肝心なのは、対象についてよく考えること。100本のキャッチコピーをつなげてボディコピーを書くやり方は、「つなげる」ことよりも、そのプロセスで思考を深めていくところこそがカンジンなのです。

※注「ボディコピー」……グラフィック広告などで、キャッチコピーを受けて書かれる文章のこと。広告の要素のなかでは本文となる部分。

なぜ「短く」書かなければいけないか。

コピーライターとしてコピーを書きはじめると、先輩などから、かならず一度は、「短く書け」あるいは「簡潔に書け」とアドバイスを受けると思います。

当然、「長くても、すごくおもしろければいいのではないか」という疑問や反発が起こるのですが、でもやっぱり、「コピーは短くシンプルなほうがいい」というのが原則です。

なぜでしょうか。理由は2つあります。

ひとつは「誰も広告など好きではない」ということ。あるいは「誰も広告を積極的に見ようとはしない」ということです。

広告の学校に集まる人たちや、コピーライターをめざしている人たちは、当たり前すぎることですが、そもそも広告に興味をもっています。だから、ふだんの生活のなかでも積極的に広告を見ようとする傾向がある。

でも、それはほんの一握りの、ちょっと変わった趣味の人たちであって、世の中のふつうの人たちはそうではないでしょう。

テレビを見ていても、新聞を読んでいても、意欲をもって広告を「さあ、見るぞ！」「さあ、読むぞ！」とはならない。基本的にはボーッと見ています。

極端なことを言えば、広告など見ていないと言い切ってもいいぐらいです。

広告をつくる側は、その彼らを振り向かせなくてはいけない。「あれ、なんだろう?」と注目させて、しかも伝えたい内容をしっかりと理解してもらうところまで誘導しなくてはいけない。

そう考えると、長いコピーは、読む手間がかかるというそれだけで、まず高いハードルになってしまいます。

もちろん、相手を引き込んで、長いフレーズを一気に読ませてしまうテクニックもあるにはあるのですが、原則としては「短くシンプル」なほうが受け入れられやすい。だから、「短く書け」とアドバイスされるわけです。

広告は「ふつうの人の意欲」を期待してはいけない

ただし、これはあくまでも意欲の問題で、受け手の理解力が低いという意味ではありません。

ぼくはむしろ、近頃の受け手には、ある程度の理解力を期待してもいいんじゃないかと思うこともあります。これはぼくが勝手につくった法則ですが、「広告はふつうの人の知性を期待してもいいが、ふつうの人の意欲を期待してはいけない」というルールがあると思うのです。

いまの時代の広告の受け手って、じつは広告慣れしてきているので、それなりに高度な〝知的お遊び〟も、理解してついてきてくれます。

古い例ですが、としまえんの「史上最低の遊園地。」であれ、ＪＲ東海の大阪発キャンペーン「消えたかに道楽」であれ、セガ・エンタープライゼスの湯川専務を扱った企業広告シリーズであれ、サントリー「ボス」のコラボレーション広告であれ、ちょっと奇抜なアイデアや工夫も楽しんでくれます。それは受け手のある種の知的レベルの高さに支えられているところもあるんですね。

そのいっぽうで、どんなに頭がよくなっても受け手は面倒くさがり屋で、理解できるまでに努力が必要なものを、がんばって理解してくれようとはしません。

そういう意味で、先にあげたいくつかの広告の例も、高度な知的お遊びのように見えて、じつは誰にでもスッと面倒くさくなくわかるようにつくられているのではないでしょうか。

話は少し戻りますが、やっぱりコピーを書きはじめてまもない人のコピーには、「自分のコピーは読んでもらえるに違いない」という甘えがあります。「私のこの手編みのマフラー、あの人にきっとよろこんでもらえるに違いない」みたいな乙女の思い込みにも近いんですけれども（笑）。

どうしても読んでもらえるに違いないと思うから、どんどんいろんな要素を詰め込んで、長くて複雑な方向にいってしまう。

うまい人のコピーというのは、「誰もコピーなんか読みたいと思ってない」という出発点から書きはじめて、「じゃあ、どうやってそういう人を振り向かせるか」と発想していくから、自然と短く、強く、シンプルになっていくのだと思います。

ただし、これにも例外があります。受け手が積極的に見て、理解したいと思うようなジャンルの広告の場合は、コピーが長くとも受け入れられます。

どこにそんなありがたい受け手がいるかというと、たとえば、求人誌の読者。求人誌は、たいてい読者がそのなかの求人情報を知りたいと思って、わざわざお金を払って買うものですよね。それだけ広告そのものを見ることにも強い意欲があるわけです。

こういう場合は、コピーが長くともよろこんで読んでくれる。逆に長くて、きちんと説明されたもののほうが好ましいぐらいです。

同じ「コピー」という形式でも、見る人のかかわり方の意欲の「強い、弱い」で、理想的な「長さ、短さ」まで変わってくるんですね。

広告は「流通力」である

さて、短く書かなくてはいけないもうひとつの理由は、「流通力」です。

広告が影響力をもつのは、受け手が新聞や雑誌などに掲載されているものを見た「その瞬間」だけではありません。それから先があります。

受け手は自分が目にした広告について、ふだん人と話しているときに「このあいだ、新聞にこういう広告、出てたよね」と話題にします。さらに、その話を聞いた相手がそこで、「そんなのあったっけ?」「あっ、それ、見た見た」と興味をもって会話がふくらんでいくこともある。こうして、広告は人から人へと伝わっていきます。つまり「流通」です。

いわば、少年向けの漫画雑誌の〝まわし読み〟のようなものです。『週刊少年ジャンプ』などは、まわし読みされているせいで、実際の読者は発行部数の倍近くいると言われています。広告の場合も、物理的な〝まわし読み〟ではなくとも、会話のなかで事実上の〝まわし読み〟をされることが理想なんですね。こうした「流通」を通じて、大きな影響力が生まれるわけです。

この「流通力」という観点からすると、当然のことながら、「流通しやすいのは短くシンプルなコピーのほう」ということになります。

長いコピーは、たとえおもしろくて、個人の頭のなかに印象深く残っていたとしても、他人に伝えるのは難しい。でも、短いものなら、再現も簡単ですから、話題にもしやすい。それだけ口から口へと伝播する力があるということです。

じつは広告の役目が、それをちゃんと見たり、読んだりしている人だけに伝えることだったら、コピーが長くても全然大丈夫なところもあるんです。もちろん一気に読ませてしまうテクニックがあればの話ですが。

でも、むしろ広告で大切なのは「その先への広がり」です。コピーの「短さ」は、その部分での、なによりの「武器」なのです。

「描写」じゃない。「解決」なんだ。

「若者が古本屋をもっと利用するようになるコピーを考えてください」

これはぼくが広告の学校などで、コピーを書きはじめた人たちによく好んで出す課題です。

最近はブックオフのように、チェーン店展開している古本屋もありますが、ここで想定しているのは、街にある昔ながらの古本屋。そこにどういうコピーを書けば、若者を連れてくることができるのか。

こういう課題を出すと、多くの人は古本屋の現状そのものをコピーで説明しようとします。「ガンコそうなオヤジがいて、山と積まれた本にパタパタとハタキをかけている」とか、「セピア色の本が積んである」とか、「人はあまりいないけども懐かしさがあって……」などと、古本屋の姿を描写してくるわけです。

そういう描写のコピーは、たとえ詩的に美しく表現されていても、いいコピーとは言えない。なぜなら、結局のところ、「古本屋には古い本がありますということを、言葉を変えて語っているだけだからです。

でも、考えてみてもください。いったい世の中の若者のなかに、「古本屋には古い本があるなんて知りませんでした。ビックリ！」なんて人がいるでしょうか。

当たり前のことですが、100万人が100万人、「古本屋には古い本がある」という事実を知っています。それでも、利用しないわけです。

だから、「描写」をしているだけではダメ。別の「解決」につながることを書かなくてはなりません。たとえて言うなら、もし自分の家が火事になって、炎がメラメラと燃え上がっているとしたら、まずやるべきは火を消すことです。「水をかける」のか「消防車を呼ぶ」のかという方法はともかくとして、とにかく火を消そうと努力しますよね。

ところが〝古本屋の描写〟は、そうやって解決を試みないで、火事の様子を写真に撮ったり、電話で現場から生々しい報告を知人にしたりしているようなものなんです。

では、「描写」ではなくて「解決」するコピーとは、どういうものでしょうか。たとえば、「お風呂で読むための本や雑誌なら、古本屋で」と呼びかけてみるのは、どうでしょう。最近は半身浴のダイエットがはやっていて、お風呂で読書をする女性が増えています。お風呂のなかでふやけさせてしまうなら、新刊本よりも古本のほうが……とすすめてみる。

もちろん、解決方法はほかにもいくつもあると思いますし、このアプローチの仕方で、実際にどのくらいの効果があるのかもわかりません。でも、少なくともこのコピーは、現状をなんとかして「解決」しようとしています。描写だけをしているコピーよりも、人を動かす可能性は高いと思うのです。

コピーライターは、ペンを片手に原稿用紙に向かう仕事ですから、「このペンの力で、すばらしい言葉をつづってやろう」と考えるのは当然のことです。でも、「自分のペンの力で、いまある状況を美しく描こう」と考えだすと、ちょっと方向がズレてきます。

むしろ考えてほしいのは、「自分のペンの力で、いまある状況をなんとか変えてみせよう」ということ。

コピーの第一の目的は、「描写」ではなく「解決」なのです。

人はコピーでウソをつく。

さて、前の項目からの続きを、もう少しお話しします。

広告の学校で「古本屋に若者を」の課題を出すと、つぎのようなタイプのコピーを書いてくる学生もたくさんいます。

「古本屋で本を買ったら、あるページに前のもち主の涙の跡があって、自分も同じところで感動した」

「参考書を買ったら、重要な箇所に、前のもち主が赤いペンで線を引いてくれていて、ポイントがよくわかった」

これに対して、ぼくはかならず「みんなのなかで、古本屋で買った本に、涙の跡を見つけたことがある人はいますか?」とたずねてみることにしています。

すると、誰も手をあげない。あげるはずがないわけです。だって、「古本の涙の跡」なんて存在しないでしょう、この世に。

本を読んで感動のあまり、涙を流すことはありますが、でも冷静に考えれば、流した涙は頬をつたって胸元や膝のあたりに落ちるはずです。ポタポタと本を直撃することって、まずありえない(笑)。それに、万一落ちたとしても、すぐに乾きますから、涙の跡は残らない。

つまり、身もフタもない言い方ですが、書かれた内容は事実ではなく、ウソだということです。

では、どうして、現実にありもしない話を、ひとりふたりではなく、多くの人たちがコピーとして書くのでしょうか。

これはぼくの想像ですが、昔の時代の美文家みたいな人がつい書いてしまった「表現」が、なんとなく決まり文句として定着してしまったのでしょう。

読んでいた古本に、その人がたまたま前のもち主がこぼしたお茶のシミか、ハナクソの跡(笑)を見つけて、つい「涙の跡であろうか……」のように書いたら、妙にキレイな表現なので広まってしまったのかもしれません。「バナナの皮ですべった人を見た」のと同じくらい、言葉としては存在しても、現実にはありえないことなのに。

もうひとつの「参考書を買ったら……」も、これに近い話です。

重要な箇所に赤いペンで線が引かれているのは、たしかによくある事実です。でも、それで「ポイントがよくわかった」ということは、ほとんどないのではないでしょうか。むしろ、〝赤線〟が目ざわりで使いにくかったり、無視したりするケースのほうが多いはずです。

にもかかわらず、コピーを書くときには、なぜか「役に立った」という話にばかりなってしまう。これも、なぜだかついつい書いてしまうウソの一例だと思います。

世の中の決まり文句を疑ってみる

コピーライターをめざす学生にかぎらず、プロのコピーライターが書いたものでも、書いた本人すら気づかないまま、こんなウソをコピーにしてしまっている例がたまにあります。

おそらくその背景には、「これはこういうものだ」という「世の中の固定観念」があって、それをそのまま原稿用紙に書いてしまっているのでしょう。

おそらく、この姿勢をみるためだと思うのですが、あるコピーライターの事務所で、入社試験に「金持ちがやっていることと貧乏人がやっていることを、できるだけたくさん書け」という課題を出した、と聞いたことがあります。

すると、やはり多くの人は、「金持ちはズルい」「うまく立ちまわっている」「いつも甘い汁を吸おうとしている」とか、「貧乏人はまじめ」「誠実に努力をしているが報われない」「損ばかりしている」などと書いてしまう。

この場合は、かならずしもすべてがウソではありませんが、でも、「金持ち」にも当然まじめな人はいますし、涙ぐましい努力をしている人も、損な役まわりばかりしている人もいます。

逆に「貧乏人」にも、卑怯な人もいれば、サボっている人もいますし、甘い汁を吸おうとしている人もいる。

そういう事実をしっかりと自分の頭のなかで考えないで、「なんとなく世の中でそう言われているから、そうなんだろう」というふうに信じてしまう姿勢は、コピーライターにはふさわしくありません。

いいコピーを書こうと思うなら、世の中で言われている決まり文句をそのまま受け入れるのではなく、本当に自分がそう感じるのか、本当に世の中の人たちがそう思っているのかを、ちゃんと検証する目をもつべきでしょう。

それができていないコピーは、ちょっとキビシイ言い方をすれば、しょせんウソです。

「アイラブ東日本」のウソ。

「コピーのウソ」の話を、もうひとつ。

かつてコラムニストのえのきどいちろうさんが、自身のコラムで、ＪＲ東日本のあるポスターについて指摘していました。それによると、そのポスターには「アイラブ東日本」というキャッチコピーが書かれていたらしい。

いまのＪＲ東日本は、たいへん洗練された、すぐれた広告をつくる企業のひとつですから、おそらくこのポスターがつくられたのは、国鉄からＪＲ東日本になってすぐのことだと思うのですが、えのきどさんは、それを見て、人間というものは、自分の都合でとんでもないことを言い出すものだなと思ったそうです。

だって、よく考えてみてください。「アイラブ東日本」のように、日本の東側半分だけを愛している人などひとりもいないはずです。「アイラブ東京」と東京が大好きという人は、当然、たくさんいるでしょう。「アイラブ博多」と博多好きの人もいるし、「アイラブ大阪」の人もいる。

でも、日本の真ん中、たとえば「日本アルプスから東側だけが、私は好きなんだ」なんて人は、どこを探したっているわけがありません。

たしかに、「アイラブ東日本」は、有名な「I♥NY（アイラブニューヨーク）」と似ています。ちょっと聞いたところでは、2つのコピーにそれほどの差はないようにも感じます。

けれども、よく考えると、大きな大きな差があるわけです。

ニューヨークには、「オレはこの街が好きだ」「ほかのどの街よりも、私はここを愛している」と思っている人たちがたくさんいます。そのさまざまな思いを代表しての「アイラブニューヨーク」だから、それを見た人も、聞いた人も「ああそうだな、ニューヨークは素敵だな」と共感できる。

ところが「東日本」というくくりには、そのエリアだけが好きだといい人が存在しません。世の中の誰ひとりとして、「東日本が好きだ！」とは思っていない。そんな誰も思っていないものをコピーにしてみたところで、誰の心も動かすはずがないでしょう。

ただ、前の項目で例としてあげた「古本屋で買った本に涙の跡があった」のような固定観念のウソは、気をつけていればわりと簡単にクリアできるのですが、こういったいわば〝ハイレベル〟なウソは、注意して書いていてもなかなか気づきにくいものです。

そういうコピー、世の中にたくさんありますよね。

たとえば、世界中のどこででも使えるクレジットカードを表現しようとして、人間が「世界に通用するおまえを見習いたい」とか言っているようなコピー。

ちょっと聞くとコピーとして成立しているようにも感じられますが、冷静に考えれば、「カードを見習いたい」と思っている人など、世の中にいるはずがない。

要は、コピーを書いたときに「本当にこう思っている人はいるのだろうか」と、しっかり考えることができるかどうか、です。

このウソをきちんと自分で見抜けないと、人を動かせないコピーを、バンバン書いてしまうことになります。気をつけてください。

書き手のヨロコビ、受け手のヨロコビ（二毛作ジェルのワナ）。

コピーを書きはじめた頃、誰しもが悩むのは、「なんで自分がこんなにすばらしいと思っている自分のコピーを、他人はいいと認めてくれないのか」というジレンマだと思います。

そして、このハードルを乗り越えられるかどうかは、コピーライターとしてのひとつの勝負所だったりするのですが、その難しさの根本には、「書き手のよろこびと受け手のよろこびは違う」という絶対的事実が、大きな原因としてあるような気がするのです。

コピーを書いているときって、書き手だけが味わえる快感があります。

たとえば、「こういう条件とこういう条件、2つをひとつの言葉のなかに込めることができた、やった、できた」というよろこび。〝言葉遊び系〟のコピーなら、「これとこれを上手にシャレにすることができた」といううれしさ。書いていて、書いている自分の苦労が「報われてよかった」と思う気持ちがあるじゃないですか。

そこで、自分が「やった!」と感じたから、「これはいいコピーに違いないんだ」と思い込んでしまうことが、よくあるような気がするんです。

でも、そのコピーを読んだ人が、同じようにすばらしいと感じるかどうかは「?」です。

なぜなら受け手は、書き手の「やった!」「できた!」という気持ちとは無関係に、コピーだけを読むからです。受け手はそれが「自分にとって価値があるかないか」しか考えない。つまり〝受け手としてのよろこび〟しか考えません。

この〝受け手のよろこび〟をしっかりと考えずに、〝書き手のよろこび〟ばかりに意識が向いていると、先ほど言ったようなギャップに悩むことになるわけです。

もちろん〝書き手のよろこび〟を我慢する必要はまったくありませんが、でもよろこびを感じたあとは、こんどは冷静になって、「受け手にとって、このコピーはうれしいものなのだろうか」とチェックしてみることが大切です。

同じ問題は、じつはクライアントとコピーライターの関係からもときどき起こります。

たとえば、クライアントから、「この飲料水は、こういう味で、こういう香りがして、こういう喉ごしで、表現が難しいのだけど、ぜひ、ひとことで言い当ててほしい」という依頼があったとします。

難しい依頼は腕の見せどころですから、コピーライターはプロ意識を燃やして、一所懸命に考えるでしょう。結果、見事にすべての条件をクリアして、クライアントも「よくぞ応えてくれた」とよろこんでくれたとする。

コピーライターにしてみれば、クライアントが評価してくれているわけですから、〝書き手のよろこび〟にひたった自己満足だけではありません。プレゼンに通って「バンザイ！」と言いたいところです。

でも冷静に考えれば、味がひとことで言い当てられているかどうかに、世の中の人たちが、いつもそれほどこだわっているかどうかはわかりませんよね。クライアントとコピーライターというひとつのチームで、自己満足にひたってしまっただけで、世の中の受け手の心は動かなかったというケースも、往々にしてあるわけです。

二毛作ジェルのワナ

これに近い例で、実際に、ある化粧品会社から発売された商品に、驚くようなコピーが使われているのを見たことがあります。

「二毛作ジェル。」

商品は、髪のスタイルを整えながら髪に養分も与える、という2つの用途をもつ男性用ジェルでした。

ぼくは、このコピーを書いた人の思考回路が、とてもよくわかる気がします。「2つの用途がある……髪に2つの用途があるジェル……2つの髪、2つの髪……あ、二毛作！　やった、書けた！」と思ったのでしょう。クライアントも、「商品の特長が言えてるね」と、ＯＫを出したのかもしれません。

しかし、このコピーを冷静に受け手の目から見ると、どうでしょう。男性用ジェルというのは、２つの用途があるのも大切だけれども、そもそもそれ以前に「おしゃれをして女の子にモテたい」のような動機で使うものですよね。そう考えると、おしゃれじゃない言葉は、基本的にツライものがあります。

農業関係の方にはたいへん失礼ですが、「二毛作」という言葉は決定的におしゃれじゃありませんし、「オレ、二毛作ジェル使ってんだぜ」なんて、人にはぜったいに自慢できませんよね。

これは、「書き手はよろこんだけれど、受け手からすれば、全然うれしくない言葉になってしまった」というコピーの、ある種の代表例ではないかと思うのです。

この例を出して、広告の学校などで話をすると、生徒はみんな大笑いしてバカにするのですが、でも、ほとんどの人は笑えないとぼくは思います。プロのコピーライターだって、近いものをいくつも書いているはずです。

ぼく自身も、そういう経験があります。

コピーライターになりたての22、23歳の頃、少し変わったかたちをしたボトル缶のようなビールの小スペースの広告を担当したとき、「いい大人の哺乳瓶です」というコピーを書きました。

書いたときはもちろん、「ビールに〝哺乳瓶〟という言葉を使うのは新しいぞ……」と〝書き手のよろこび全開〟だったわけですが、雑誌にその広告が載ったのを見たとき、ぼくは真っ先に「うわっ！　乳くさくて、飲みたくねぇ！」と受け手として感じてしまったんです。

いまではエラそうに、「書き手のよろこびと受け手のよろこびは違うんだ」と学生相手に講義しているぼくですが、過去には、自分でもそれをゴッチャにしてまちがえていたことがあったという、小さなカミングアウトです。

意味で書いて、生理でチェックする

「二毛作ジェル。」にしてもそうですが、書かれたコピーをあとから批評するのはけっこう簡単です。

問題は、自分が書くときに、どうすれば〝書き手のよろこび〟と〝受け手のよろこび〟を一致させることができるのかということ。

もちろん、とにかく場数を踏んで、たくさんのコピーを書いて経験することも大切です。でも、それ以外にも、やり方というか、ルールのようなものを決めてチェックする方法もあるとぼくは考えています。

そのひとつが、「意味で書いて、生理でチェックする」というルール。

人間は、言葉を書くときには〝意味や論理で書く〟のですが、読んだり聞いたりして受け取るときには、意味よりも先に〝生理的な部分〟で受け止めます。

これは以前、糸井重里さんにお聞きした話ですが、たとえば、「この香水はウンコのような香りはしない、すばらしい香りです」という文章があったとすれば、受け手はどう感じるでしょうか。

この文章は、論理的には「この香水はすばらしい香りです」という意味を述べているわけだけれども、パッと見たり、聞いたりしたら、まず

「ウンコのような」という部分が目や耳に入って、くさそうなイメージしか残らないでしょう。こんなふうに受け手は〝生理的な部分〟が優先してしまうんです。

だから、まず書くときには、論理や意味で書いて、それをあとで自分自身で「生理的にどう感じるのか」とチェックする。

コピーを書くときに、よく「受け手の気持ちになれ」ってアドバイスされますし、実際にぼくも後輩や学生にそう話します。

でも、それって、けっこう難しい。だって、やっぱり自分は、受け手じゃなくて書き手なんだもの。

それよりも、「生理的にどう感じるか」と考えてチェックしていけば、コピーの選択眼というか、ある種の客観性に近いものが身についてくるような気がするのです。

葉っぱから森をつくろう。

「朝6時東京発、8時30分新大阪着の新幹線のぞみ号を満席にしてください」

これもぼくがよく学生に出す課題のひとつです。

東京や首都圏といっても決して狭くはありませんから、朝6時に東京駅にいくのは、なかなか大変です。自分の住んでいるところからだと、始発電車を使っても間に合わず、物理的に乗ることができない人もいます。だから、朝いちばんの新幹線のぞみ号の乗車率は、どうしても60%ぐらいになってしまうことが多い。

それを、なんとか満席にするようなコピーを考えてみよう、という課題です。

これに対してある人が、「甲子園を第1試合から楽しめます」といったコピーを書いてきました。

コピーの視点としては、ちょっとおもしろいと思います。甲子園の高校野球って、プレイボールがかなり早いものですからね。第1試合が午前9時30分頃にはじまる日もあったはずです。6時ののぞみ号に乗って、8時30分に新大阪に着けば、試合開始に間に合います。

東京をその日の朝に出発しても、第1試合から高校野球を楽しめるわけですから、朝いちばんの〝のぞみ号の魅力〟としてはいい視点です。

ほかにも、「吉本を前座から楽しめます」というコピーを書いてきた人もいました。

これも悪いコピーではありませんね。メインプログラムを楽しむだけでなく、少し早くいって、前座で出ている若手の芸を見てみる。6時発ののぞみ号を表現したコピーとしては、なかなかのレベルです。

ただ、学生の場合は、こういういいコピーをせっかく1本書いても、その1本きりで終わってしまうことが多いんです。

もし「甲子園を第1試合から楽しめます」というコピーを思いついたのなら、同じ考え方で、午前中で売り切れてしまうタコヤキ屋の開店前に並ぶ、宝塚でスターの楽屋入りを待つ、大阪にしかないファッションブランドのバーゲンに並ぶなどと、いくつでも同様の考え方で展開が考えられるはずです。いや、プロならば、「考えるな」と言っても、自然にそういうふうに思考が広がっていきます。

ところが学生には、そういう発想がない人が多い。きれいな葉っぱを

1枚見つけたら、「きれいな葉っぱだ」「この葉っぱいいね」「いいでしょう、これ」と、そればかりを見ている、みたいなことです。

広告のつくり手としては、そこで「この葉っぱきれいだけど、どういう木に、どういう幹についていたんだろう」と思考を進めていってほしい。

「甲子園を第1試合から楽しめます」というコピーを書いたら、「朝いちばんののぞみ号は、大阪でいろいろなことを楽しみつくすための新幹線だ」と、そのコピーの本質、つまり〝幹〟の部分を考える。そして、その〝幹〟には、ほかにどんな葉っぱがつくべきだろうかと考えてコピーの数を増やし、木をつくっていく。

もちろんコピーだけの話ではありません。CMにしても、企画がひとつ浮かんだら、その本質をつかんで、「こういうことができる」「こういうこともできる」と広げていけるはずです。

この延長線上にあるのが、広告のキャンペーンという〝森〟なのかもしれません。

1本のコピーという〝葉っぱ〟でとまるのか。そこから〝木〟や〝森〟をつくっていけるのか。

最初の発想は同じでも、その先の広げ方で広告マインドにも大きな差が生まれると思うんです。

おじいちゃんにプレゼントを選ぼう。

コピーライターをめざす若い人たちのなかには、「自分自身の好みが表現に出てこそ、自分のクリエイティブなのだ」とかたくなに信じている人がときどきいます。

そういうタイプの人は、自分の好みを前面に押し出した表現が否定されたり、採用されなかったりすると、「こんなものは、自分の作品じゃない！」と憤ったり、落ち込んだりします。

でも「好みであれば自分の表現で、それがダメなら自分の表現ではない」という考え方は、ぼくにはちょっと違和感が感じられるんですよね。

ぼくは広告をつくるときに、「おじいちゃんにプレゼントを選ぶようなものだな」といつも思っています。

たとえば、還暦のお祝いにおじいちゃんにプレゼントを贈る場合を考えてみてください。そして、あなたは、すごくパンクファッションが好きな人だとします。

そのときに「このパンクファッションをおじいちゃんにあげるんだ、それがオレの表現なんだ！」と思ってプレゼントをしても、まずおじいちゃんはよろこばないでしょう。

さて、そのあとに、あなたは「自分の好きなパンクファッションを否定されたから、もうどうでもいいや！」と憤るでしょうか。

それはプレゼントする立場としては、正しくありませんよね。

おじいちゃんが好きなのは、パンクファッションではなく「ちゃんちゃんこ」だとしても、なにも考えずにそのあたりにあるものを買ってきただけでは、本当に相手をよろこばせることはできません。

いま世の中で「ちゃんちゃんこ」がどういう状況にあって、そのなかでおじいちゃんは、どんなデザインや色のちゃんちゃんこをもっとも気に入りそうなのか。それを手に入れるためには、どの店にいくべきなのか。あるいは、オーダーメイドで特注すべきなのか。いっそのこと、手編みでつくっちゃうほうがいいのか……。

こんな感じであらゆる思考をつくしたうえで、おじいちゃんにとってベストな一着をプレゼントできたとしたら、それはすばらしいことです。

そして、じつはこういう一連の思考や作業も、すべて「自分の表現」ではないかとぼくは思っています。

要するに、「他人をよろこばせたり、満足してもらったりするために一所懸命に考えて、自分のアタマが汗をかいて、そこから生み出されてきたもの」は、すべて自分のクリエイティブだと思うんです。「自分の好きなものだけが自分のクリエイティブ」だという考え方とは違いますよね。

ここではプレゼントをたとえ話に使いましたが、広告のコピーやアイデアを考えるときも、同じようなことを、ちょっと考えてみてほしいと思います。

第2章

もっと伝えるために。

「原稿用紙」から世の中へ。

自分が書いた言葉やアイデアと、世の中との関係をどれくらいイメージできているのか。これは、コピーライターをはじめ、広告制作者の仕事の〝レベル〟を決定づける重要なポイントのひとつかもしれません。

どういうことかというと、大きく分けて、〝レベル〟の差には5つの段階があると思うのです。

原稿用紙にコピーを1行、たとえば「おいしい生活」と書いたとする。それを見て、「カッコいいフレーズが書けたな」「ちょっと気になるコトバだな」と思う。これが第1段階だとしましょう。

つぎに第2段階では、「コピーとビジュアルとの関係性」を考えはじめます。新聞広告なら「タレントが写っている写真にこのコピーを入れたらどうか」。あるいは「ステーキの写真の横に、このコピーを置いたらどうか」と。

でも、この段階ではまだ、つくり手としての立場での発想にとどまっています。

第3段階になると、こんどは「この新聞広告を見た人はどう思うだろうか」と考えられるようになる。つまり、やっと受け手の立場がイメージできるようになるわけです。

第4段階、ここが大切なところですが、「新聞広告を見た人が他人になんと言うだろうか」「どう伝えるだろうか」と考えます。そしてその結果、どういう種類の話題が世の中に広まり、どういう意識の変化が起こるのかをイメージする。要するに、受け手を個人としてではなく、広い社会としてアタマのなかでとらえられるようになる。

さらに、第5段階になれば、そうした話題の広まりや意識の変化によって、たとえば、「来客数が20万人くらいは増えるな」みたいな、実際の人の動きまで読めるようになることもあるかもしれない。

5つのレベルと言いましたが、最初にまず、原稿用紙に向かってコピーを書く。ここまでは、みんないっしょなんですよ。

でも、コピーを書きながら、そこからそれが世の中に広がっていくイメージをどこまで描けるかによって、差が出ます。

目の前の文字の並びを見ていると、ついそのなかだけで考えてしまいがちですが、その先をどこまで読んでいるか、読めているかによって、コピーライターの仕事のレベルに大きな違いが出てくるわけです。

流通をどこまで意識できるか

言いかえれば、「なぜ短く書かなくてはいけないか」の項目で説明した「流通力」を、どこまで意識できているかということかもしれません。

ポイントは「受け手もまた発信者である」という意識です。

コピーを読んだ人は、それを別の人に伝えてくれる人、バトンをわたしてくれる人でもあります。伝言ゲームのように、どんどん言葉やアイデアが伝えられていく。

だから、広告を見た人の見たときの気持ちだけじゃなくて、それを人に伝えるときの気持ちも想像できるようにならなければいけません。

それはそれで、なかなか難しい作業なのですが……。

もし、「人に伝えるときの気持ち」が漠然としていてわかりにくければば、たとえば、自分が『週刊ポスト』や『週刊現代』の記者になったと思って、見出しに使いたくなるようなコピーやアイデアを考えてみるのも、ひとつの方法かもしれませんね。

週刊誌の記者の見出しって、世の中のある種のオピニオンを代表しているし、そういうところで見出しになりやすいものって、世の中に広がりやすいものですから。

コピーではありませんが、以前、自動車情報誌『Goo』の広告で、タレントの広末涼子さんの運転免許証(らしきもの)を、CM上でチラッと見せるという工夫をしたことがあります。

それほど大したアイデアではないのですが、やっぱり免許証を使えば、「あれはホンモノか」と週刊誌の記者が記事を書きやすい。話題にしやすいわけです。

さて、こうして「流通力」を意識しながら原稿用紙に向かっていると、コピーを書いた瞬間に、それが世の中に広がっていく道筋が一瞬にしてぜんぶ〝見えた〟と確信できることもあります（とてもまれにですが）。

これはスポーツの領域にも、ちょっと近い話かもしれません。

サッカーの中村俊輔選手にしても、かつて活躍した中田英寿選手にしても、なんであんなパスが通るんだろうと思うようなパスを出せるじゃないですか。競馬の武豊騎手も、あのまま前にいくと進路がふさがっちゃうよな……と思って見ていると、なぜかスッと前のスペースが空いてしまう。

これって結局、〝いま〟の状況を見ているんじゃなくて、3秒後や5秒後の〝まわりの動き〟を読めているということですよね。

そんなスーパースターたちの話を「わかる！」というとエラそうなんで

すけれど、書いたコピーが世の中に〝どう届いていくのか〟という「流通力」の部分って、けっこうそれと同じだなと確信するときがあるのです。

みんなが言いたいことを言わせてあげる。

広告が広く世の中で話題になるためには、「みんなが言いたいことを言わせてあげる」という考え方が大切です。ポイントは「言ってあげる」ではなく、「言わせてあげる」のところにあるのですが。

ぼくが手がけた仕事でいえば、もうずいぶん古いもので、1991年のJR東海大阪発キャンペーン「消えたかに道楽」がその好例です。

このキャンペーンでは、まず、大阪の道頓堀にある有名なカニ料理の店「かに道楽」の実際の店頭から、巨大な〝動くカニ看板〟を外してしまい、なにもなくなったスペースに、かわりに「JR東海CM出演中」という垂れ幕をかける仕掛けをしました。そのうえで、「カニ」があちこち旅をしているような広告をつくったわけです。

大阪では当時、かなり大きな話題になりましたが、そのとき人びとは「どんなこと」を話題にしたのか。おもな反応は大きく2つでした。

ひとつは「やっぱり大阪は、シャレのわかるオモロイ街やな」です。大阪名物の〝カニ看板〟を外して「CM出演中」とするのは、ユーモアとはいえ、それ以前には例のなかった思い切った演出です。それが許されるのは、やはりシャレがわかる大阪だからこそ。「こんなこと、東京人はようでけへんやろ」という思いもあっての反応です。

もうひとつは「大阪商人はホンマしっかりしとるわ」。

大阪の人たちは、「かに道楽」が上手にJR東海のキャンペーンに乗っかって自分の店もPRしている、自分たちはたいしてお金を使わずに、いわば他人のふんどしで相撲を取るようにうまく話題づくりをした、と

JR東海／大阪発キャンペーン

JR東海／大阪発キャンペーン

受け取りました。

だから感心して、「さすがはナニワのあきんど、油断もスキもあらへんで」といった反応をしたわけです。

気持ちが口をついて出るように仕向ける

ここで注意してほしいのですが、「大阪はシャレのわかるオモロイ街や」も、「大阪商人はホンマしっかりしとるわ」も、このかに道楽のキャンペーンを見て、はじめて人のココロに生まれた意見や気持ちではありません。

両方とも、もとから大阪の人たちが心のなかでお国自慢のように思っていたことで、スキさえあれば「言いたいな、言いたいな」と考えていた意見です。

このキャンペーンは、こうした気持ちが口をついて出るように、意図的に仕向けたものでした。つまり、「いま大阪の人が言いたいこと、話題にしたいこと」ってなんだろうと考えて、それを言いやすい広告キャンペーンを、わざわざつくってあげたんですね。

大阪の人が言いたい意見、そのナンバーワンは、やっぱり「東京がなんやねん。大阪がいちばんや」でしょう。その変種として、「大阪はシャレのわかるオモロイ街や」も、とくに吉本興業のお笑いが全国を制覇してからは、大阪人にとって強力なお国自慢で、言いたくてしようがない意見になっています。

あとはなぜか、「大阪商人は、ホンマしっかりしとるわ」も、ケチやガメツイところを卑下しながらも、少し愛情をもって話したがる。

大阪で話題をつくろうと思ったら、みんなが「言いたい、言いたい」と思っているこうした気持ちに上手にネタをふってあげればいいわけです。

〝カニ看板〟のかわりに「JR東海CM出演中」という垂れ幕がかかっているのを見た人たちは、「やっぱり大阪は、シャレのわかるオモロイ街やな」「大阪商人はホンマしっかりしとるわ」という以前から言いたかった気持ちとともに、その広告キャンペーンのことを他人に話して聞かせます。しかも、ずっと言いたかったことだから、ふだんよりも一所懸命に話して聞かせてくれます。

そういう状況をつくれば、人の口から口へと話が伝わり、話題が話題を呼んで、広告が世の中にどんどん広まっていくわけです。ぼくらは企画の段階でそれをねらい、うまく的中させた、ということです。

この「言いたいことを言わせてあげる」という考え方は、野球のホームラン競争で、ピッチャーが打ちやすいボールをわざわざ投げて、バッターに気持ちよくホームランを打ってもらうようなものでしょう。

絶好球なら、受け手はかならず打ち返してくれるわけですから、それをねらって広告をつくるのも、世の中に広めていくための大切な技術なのです。

オールブラックス115―0日本代表

「言いたいことを言わせてあげる」の続きの話ですが、ここではまず「広告」ではなく「スポーツの試合の結果」を例にして考えてみましょう。

たとえば、ラグビーの日本代表が、強豪として名高いニュージーランド代表のオールブラックスと対戦したとします。

その試合結果が、翌日の新聞の1面に出た場合、もっとも話題になるのは、つぎの3つのスコアのうちのどれでしょうか。

①オールブラックス115―0日本代表
②オールブラックス25―21日本代表

③オールブラックス16―20日本代表

試合の内容については、ちょっと置いておくとして、ここでは純粋に「スコアの結果」だけで考えてみます。

いちばん話題になるのは、おそらく③でしょう。

世界最強とまで言われるオールブラックスに、日本代表が勝ってしまう。めったにない快挙だとして話題になります。

やはり、はじめてのことや、まれな出来事には人びとも注目します。この〝希少性〟は、強さという点ではいちばんでしょう。

では、①と②ならば、どちらが話題になるでしょうか。

起こりにくい、あるいはめずらしいのは、接戦の②でしょうが、実際により話題になるのは①だと思います。

なぜなら、とくにスポーツのような分野では、人びとは心のどこかに、「本場ってスゴイ！」「ホンモノはやっぱり違う！」と驚きたい、という気持ちをもっているからです。

②のスコアなら、「日本代表もなかなかがんばったよね」「健闘したね。よくやったよ」といったところでしょうが、①のスコアなら、「オールブラックスはやっぱり強いね！」「大人と子どもの勝負だったな！」「やっぱりさァ、ホンモノはスゴイよ。本場にはかなわないよ！」と、目を輝かせながら熱弁する人もいるでしょう。

ネタを使って、気持ちをうまく引き出す

ここではスポーツの例にしましたが、スポーツの試合で「本場やホンモノを認めたい！」と強く思うのと同じように、コピーを書こうとするそれぞれの商品に対しても、かならず誰もが言いたくなるような意見があるはずです。

それを見つけて、うまく受け手に言いたいことを言わせてあげられるような表現をつくる。言ってみれば、「オールブラックス１１５―０日本」のような結果を人工的につくってやれば、広告は話題になります。

ただし、それとは反対に、受け手が口にしたい気持ちをそのままコピーにしても、話題になるとはかぎりません。

たとえば、ＮＨＫの紅白歌合戦に対して、「いまどき、みんな見てるワケ？」「なんであれが国民的番組なのさ？」と言いたくなる気持ちは、多くの人たちがもっていると思います。

でも、それは１００万人がすでに１００万回口にしているような意見ですから、それをそのままコピーにしても、受け手にとっては〝耳にタコ〟であり、まったく新鮮ではありません。

ただ、100万人が100万回口にしたということは、「みんなが言いたい、言いやすい」話題ではあるということです。なにかのネタを使って、その気持ちをうまく引き出し、みんながその意見を言えるような工夫をしてやれば、大きな話題の広がりがつくれるはず。

これもまた、ホームランコースにわざわざ打ちやすいボールを投げてあげようというやり方です。

スキがあるほうが、よくモテる。

「言いたいことを言わせてあげる」の話が長くなりましたが、話題になる広告づくりの条件は、ほかにもあります。それは、いっしょに遊べるものをつくってあげること。言ってみれば「参加性」です。

簡単に言えば、人がツッコミたくなったり、イジりたくなるようなスキを、上手に広告のなかにつくっておくということです。よく、「どんなに美人でもスキがなければモテない」「上手にスキをつくれば美人でなくてもモテる」などと言われますが、広告やコピーにもこれと似たところがあります。

たとえば、弦間《げんま》一雄さんが書いたロッテオリオンズ（現千葉ロッテマリーンズ）の「テレビじゃ見れない川崎劇場。」などは、じつに参加性をうまく生かしたコピーだと思います。

広告業界では当時、「テレビじゃ見れない」というマイナーなネガティブアプローチがおもしろいと評価されていたようですが、このコピーのよさは別のところにあるとぼくは感じています。

もっともすぐれている点は、「川崎球場」ではなく、わざわざ「川崎劇場」としたところでしょう。

たしかに「テレビじゃ見れない川崎球場。」でもコピーとしての意味はきちんと通っていますから、わざわざ「劇場」にするのは、やりすぎの感がないわけではありません。ちょっと言葉をイジクリすぎかもという印象もあります。

でも、「川崎球場」ではなく「川崎劇場」としたことで、このコピーの効果は10倍にも20倍にもなったと思います。なぜでしょうか。

なによりも、当時のロッテオリオンズの監督だったカネヤン（金田正一）が、叫びやすい言葉になった。

たとえば、ロッテが大逆転をして試合に勝ったときのインタビューで、「見てくれたか！　これが川崎劇場や！」と言いやすい。

また、試合をラジオで実況しているアナウンサーも「連夜の逆転劇、川崎劇場は燃えています！」などと決めゼリフのように使いやすい。

それに、実際にあったことですが、当時、川奈のコースで行われたゴルフトーナメントのテレビ中継で「これはもう川奈劇場という感じになってきましたね……」とアナウンサーがもじって使ったりもしていました。

これが「川崎球場」のままなら、カネヤンもここぞというときに決め

ロッテオリオンズ／球団広告

ゼリフに使えませんし、アナウンサーも特別な使い方はできません。「劇場」にしたことで、みんながそれを使って遊べるようになった。言葉が〝参加性〟を生み出したわけです。

コピーを使って遊べたほうが楽しい

もうひとつ、例をあげましょう。

糸井重里さんが書いた清水建設の企業広告「昼間のパパは光ってる」も、同じく参加性がうまく考えられたコピーだとぼくは思います。

ＣＭのなかで、

昼間のパパはちょっとちがう

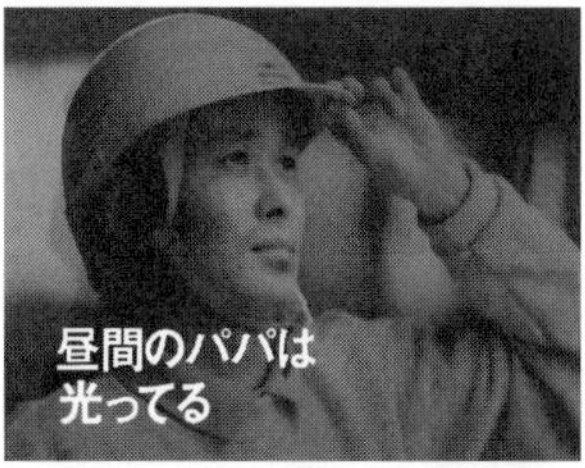

清水建設／CM「会社参観日」篇

M：（そうだぜ）
　昼間のパパはちょっとちがう
　昼間のパパは光ってる
　昼間のパパはいい汗かいてる
　昼間のパパは男だぜ（カックイー！）
N：人がつくる、人の場所。
　清水建設

昼間のパパは光ってる
昼間のパパはいい汗かいてる
昼間のパパは男だぜ

という歌詞の歌が流れるのですが、これほど替え歌をイメージしやすい歌詞もない。ためしに「昼間」を「夜中」に変えてみてください。

夜中のパパはちょっとちがう
夜中のパパは光ってる
夜中のパパはいい汗かいてる
夜中のパパは男だぜ

いっぺんに少しエッチな替え歌になってしまいます。

ぼくは、これは計算されていると思います。おそらく糸井さんは、こうしてみんなに冗談にしてもらったり、遊んでもらうことを織り込みずみで書いたのではないでしょうか。

糸井さんはこうした「参加性」をつくるコピーの名手で、サントリーのスポーツドリンク「NCAA」の「がんばった人には、NCAA」も「麻雀やセックスのあとなどに、ちょっとおどけて、冗談にしてもらいやすいように書いた」という話を聞いたことがあります。

広告コピーは論文でもないし、演説でもありません。世の中の人たちも、立派な言葉を聞かされるより、コピーを使って遊べたほうが、そこによろこびや興味を感じてくれるはずです。そのためのスキを、わざとサービスしてつくっているわけです。

日本テレビ／「日テレ営業中」

東京ガス／CM「ピピッとコンロ・信長」篇

妻夫木：誰？
信長　：信長だけど。
妻夫木：信長？
信長　：ここさ、タイムマシンの出口になってんの。
妻夫木：えっ？
信長　：今、何年？
妻夫木：2006年です。
信長　：おお、やった未来じゃん。という事は、未来人？
　　　　なにボーッとしてんの。茶でも入れてよ。
S　　 ：ピピッ。お湯が沸きました。
信長　：うわっ、しゃべった、しゃべった。なにコレ？
妻夫木：ピピッとコンロです。
S　　 ：ご飯が炊けました。
信長　：いいなあ、未来は。そうだ、利休呼んでいい？
妻夫木：利休？
利休　：呼んだ？
NA+S ：ガスで、パッと明るく、チョっといい未来。
　　　　ガス・パッ・チョ！

ぼくもまた自分で書いたコピーを見ながら、受け手の人が「こういうふうに遊べるな」「こういうふうにもじって冗談に使えるな」などとよくひとりで考えています。日本テレビの「日テレ営業中」や「日テレ式」、東京ガスの「ガス・パッ・チョ！」なども、選ぶ段階では、遊びやすさや使い勝手をずいぶんと重視しました。

もちろん、それだけでコピーをつくろうとはしませんが、世の中への広がりを確認するという意味では、とても大切な視点です。

カタチだけの納得。ホントウの納得。

コピーというのは、基本的には人を納得させるための表現です。けれども、それにもかかわらず、世の中のコピーには、単にカタチだけの納得に終わっているコピーと、ホントウの納得につながっているコピーの2種類があると思うんです。

まだぼくが新人の頃、博報堂のクリエイティブ研修で、「駅から徒歩60分の住宅地を売るコピー」という課題を出されたことがありました。歩けば2時間かかる距離で駅が2つある。そのちょうど真ん中、つまりどちらの駅から歩いても60分かかる場所にある住宅地を売るのに、どういうコピーがいいのか、という話です。

Q. 歩けば2時間かかる距離で2つの駅があります。このちょうど真ん中、つまりどちらの駅からも徒歩60分の距離のところに住宅地ができました。さて、住宅地を売るために、どういうコピーを書けばいいでしょうか?

そのとき、そこで「たとえばこういうコピーが、いいコピーです」という例が2つあげられていました。

ひとつは、「よく来たな。実感、いい友。」みたいなコピー。

つまり、「こういうところまで来てくれるのが、本当の友だちだ」というニュアンスのもの。

でも、それが「いい例だ」と言われても、ぼくはいまひとつ納得できなかった。

たしかに駅から徒歩60分もかかるところにわざわざ足を運んでくれるのは、いい友だちです。それはウソではないでしょう。しかし、そのことを確認するために、誰が真実の友かと見きわめるために、住宅地を買おうと思うことはありえないでしょう。

〝友だち〟を語る言葉としては納得できるのですが、住宅地を売るためのコピーとしては「?」ではないかと、感じたわけです。

そしてもうひとつの〝いいコピー例〟は、「駅から徒歩60分の場所に、駅ができないわけはありません」というものでした。

たしかに駅から徒歩15分のところなら、少しぐらい人が増えようとも、わざわざ新しい駅をつくろうとは思わないかもしれません。けれど、60分もかかるところに人が集まりはじめたら、鉄道会社も駅をつくろうとするでしょう、という視点。

これも無理があるといえば、無理があるコピーです。まだあるわけではない駅を想定して、モノを売ろうとしているわけですから。

でもぼくは、このコピーの視点は、「家を買おう、宅地を買おう」という気持ちにつながっていると感じました。

言ってみれば、ひとつめのコピーは、カタチのうえで納得しているように書いているだけだと思います。「宅地を買おう」という実際の動機づけにはなっていないわけですから。

それに対して、2つめは、ちょっと論理の飛躍があったとしても、ホントウの意味での納得をうながしています。

コピーライターに求められるのは、もちろん、ひとつめではなく、2つめのコピーだとぼくは思います。

ただ、このことは実際の広告の世界でも、ちょっとあいまいになっていて、両方が同じように評価されてしまっていることもあります。

東京コピーライターズクラブのコピー年鑑に出ているような、一定レベル以上と言われるようなコピーでも、カタチのうえでは納得できても、「それで商品を買う気になるのかな」と疑問をもつものがいくつかあったりもします。

もちろん、カタチのうえで納得させるようなコピーも、まったく意味がない、役に立たないわけではありません。語っている内容に対する「なるほどね」という納得の気持ちが、商品やブランドに対する好感につながることもありうるからです。

でも、コピー本来の役割は、「商品を買いたい」というところまで受け手の気持ちをうながすことにあるのですから、めざすべきはあくまでも〝ホントウの納得〟でしょう。

自分の書いたものが、カタチだけの納得で終わっているのか、それともホントウの納得につながっているのか。コピーライターとしては、つねにそういう目でコピーを見なおす必要があるということです。

ポジティブでなければ、ネガティブアプローチじゃない。

ネガティブアプローチは、広告コピーを書きはじめたばかりの人にとっては、とても魅力的な蜜の味みたいなものに思えるようです。

たとえば昔でいえば、としまえんのエイプリルフールの新聞広告「史上最低の遊園地。」がそうですが、見事に決まればとても衝撃的で、強い印象を残しますから、それに似た表現を自分もやってみたいと感じるのでしょう。

実際にぼくのところにもよく、「『史上最低の遊園地。』のように、世の中をあっと驚かせるような広告をつくりたいんです」と言って、若いクリエイターが意欲を語りに来ることがあります。そのとき、彼らはたいてい、「でもクライアントがわからず屋だから、そういう案が通らない」と不満を口にします。

ただ、よく聞いてみると、そんな話をしている当人のクライアントが、〝銀行〟だったりするわけです。とすれば、話は少し違ってきます。銀行は、そもそも信頼や安心を売りものにするところです。そこで単純に「史上最低の銀行」のような表現をしても、信頼や安心のイメージが増幅することは、まずありえないでしょう。

じつはいい広告というのは、一見、ネガティブアプローチのように見えても、結果としては、商品や企業がもっているいいところを、ポジティブに助長しています。

たとえば「史上最低の遊園地。」も、〝パッと見〟はネガティブのかたまりのようですが、本当はきわめてポジティブな広告表現です。もちろん、

4月1日のエイプリルフールに出した広告だから、コピーで言っていることを逆にとらえてポジティブ、という意味ではありません。

ぼくは「史上最低の遊園地。」の広告からは、すごくストレートに、としまえんの楽しさが伝わってくると思うのです。

としまえんはいわゆる絶叫マシン系の遊園地で、「キャー!、こわい!、やめてぇ!」と叫びながら楽しむ場所ですよね。そのイメージと「史上最低の遊園地。」の広告表現から感じられるハチャメチャにおもしろい雰囲気は、ピッタリと合っています。

このことによって、としまえんの楽しさが助長されて、楽しい遊園地であるということが、しっかりと受け手に伝わります。

だからこそ、「史上最低の遊園地。」の新聞広告をエイプリルフールに打ったときには、大きな話題になっただけでなく、としまえんの入場者

とします、ん／「史上最低の遊園地。」

そのものが飛躍的に伸びたんですね。

つまり、ネガティブに表現しているように見えて、じつは伝わっているものはきわめてポジティブなのです。

特徴がポジティブに伝わるか

これがもし、「史上最低の車、トヨタクラウン」という広告だったらどうでしょう。

4月1日に出稿すれば、意味としては成立しますし、世の中でもそこそこ話題になるかもしれません。

でも、きっとクラウンのイメージアップや売り上げにはつながらない。

なぜなら、クラウンの魅力は、「ステータス」や「オーナーの誇り」であって、「史上最低の車」という広告では、それを高めることができないからです。

では、としまえんと同じくテーマパークである東京ディズニーランドならどうでしょうか。

この場合も、「史上最低の遊園地。東京ディズニーランド」では、広告としてはダメだと思います。

なぜなら、同じテーマパークではあっても、ディズニーランドの魅力は「絶叫」ではなく、「夢の世界のメルヘン」的な楽しさだからです。「史上最低の遊園地。」のような広告表現では、ディズニーランドの魅力は高められないでしょう。

その点、こんどは実際の仕事の例ですが、うまくネガティブアプローチをポジティブに生かしたなと感じたのは、「セガなんてダセエよな!」

「プレステのほうがおもしろいよな！」という子どもたちのやりとりと、それにショックを受ける実在の専務の姿を描いたＣＭが話題になった、セガ「ドリームキャスト」の「湯川専務」のシリーズ広告です。

広告が話題になったのに商品があまり売れなかったとして、このキャンペーンを批判的に見る人もいるようですが、ぼくはクリエイティブとしては非常に高いレベルのものだったと考えています。

キャンペーンそのものの構成がゲームのようでアミューズメント感がよく出ていましたし、ドリームキャストをプレイしているような楽しさやワクワクした気持ちを広告から感じることもできた。表現と、ドリームキャストという商品が発するシズル※注は、ズレていなかったと思うのです。

話題の頂点で商品の在庫がなかったといった戦略上の失敗のせいで批判を浴びるような結果になったのでしょうが、広告そのものは、ネガティブなアプローチでちゃんとゲームの楽しさをポジティブに伝えていました。

この湯川専務のシリーズ広告や「史上最低の遊園地。」にかぎらず、成功したネガティブアプローチは、みな結果としてポジティブです。

逆に言えば、この手法によって特徴がポジティブに伝わるものでなくては、ネガティブアプローチを用いるべきではないということ。

ネガティブアプローチを用いるときには、まずそこを見きわめなくてはなりません。

※注「シズル」……そもそもは肉が焼ける音（英語の「sizzle」）の意味で、商品独自の素材感やもち味、たたずまいなどを消費者の五感に訴えかけることにより、購買意欲をそそろうとする広告表現や手法のこと。

いいメチャクチャ、悪いメチャクチャ。

若い人たちのなかには、「奇抜なアイデアで世間をあっと言わせたい」という思いをもっている人がたくさんいます。そのため、一見わけのわからないものや、とにかくこれまでのルールに逆らったようなものをつくろうとして、メチャクチャなことをしようとする。それは姿勢としては、とてもいいことだと思うんですよね。

ただ、そのメチャクチャのなかにも、〝いいメチャクチャ〟もあれば、〝悪いメチャクチャ〟もあるな、とぼくは感じています。

ある時期ぼくが博報堂で教えていた、若いクリエイターの話です。

その若者は最初の頃は、とにかくまったく使えないようなワケのわからないアイデアをいっぱい考えてくる人でした。

あるとき彼に、「東海道新幹線に人がたくさん乗るような企画を考えてこい」と課題を出したことがあります。そこでどういうアイデアが出てきたか。

「じゃあ、幕末にあった〝ええじゃないか〟を起こしたらどうでしょう」。大マジメな顔でそう言うわけです。

〝ええじゃないか〟は、幕末の社会情勢が不安定な時期に、何百万人もの人たちが一種の集団ヒステリーのような状態になって、つぎつぎと伊勢神宮に訪れたという集団参拝ブームです。「オウム真理教が事件を起こしたりして、同じように世紀末の社会不安が高まっているいま（当時）それを起こせば、この現代にさすがに歩いて伊勢神宮まではいかないだろうから、新幹線に乗るはずだ」と彼は言いました（ちなみに歴史学では、〝ええじゃないか〟は、都市の乱舞騒動だけを指していて、集団参拝を含めないそうですが、ここでは彼が実際言ったままを再現しました）。

ほかにも、「ＫＤＤ（現在のＫＤＤＩ）の国際電話をかける回数が増えるような企画を考えろ」と課題を出したときには、「九州を日本から独立させてはどうでしょうか。そうすれば国際電話をかける数が増えますよね」と提案してきたりもしました。

まあ、たしかにそれで国際電話をかける数は増えるでしょうが、そのために日本を分断してどうするっ！（笑）というハナシです。

はっきりいって、こういうアイデアは、広告の企画としてはまったく使えません。文字どおり、メチャクチャです。

でも、このメチャクチャは、決して〝悪いメチャクチャ〟ではないと思うのです。

なぜなら、彼のメチャクチャな発想の根本には、「なんとか新幹線に人を乗せよう」「なんとか人に国際電話をかけさせよう」とする「人を動かそう」という気持ちがあるからです。

彼が考えているこのベクトルだけは、じつに正しい。ただ、そのあとで出てくる発想がメチャクチャなだけです。

だから、ぼくは彼を指導しながら、「この人は伸びるかもしれないな」と思いました。実際に、いまはかなりいいコピーライターとして活躍してくれています。

〝いいメチャクチャ〟はすべき

では、どういうメチャクチャが、〝悪いメチャクチャ〟なのでしょうか。

ただルールを破りたいというだけの理由で、広告にウンコが出てくるような表現をめざしてみたり、あるいは、扱う商品や企業の課題とは無関係に、やみくもに奇抜なだけの表現をしようとしたりする。これはあまりほめられたメチャクチャではありません。

なんのために広告をしようとしているのかという〝本来〟を忘れてしまっています。

ただ、メチャクチャなことや破天荒なこと、これまでにないことを考えるのは、当然ですが、表現の可能性という点でも必要な試みです。

〝いいメチャクチャ〟であれば、はじめは的はずれでも、そのうちになにかのきっかけで、大きく化ける可能性もあります。

広告の目的さえ忘れなければ、メチャクチャはむしろ歓迎すべきことなのです。

ダメ出しを制約と思うか、ヒントと思うか。

学生などにはしばしば誤解されるのですが、広告づくりを教える立場にいるぼくらも、提案した企画やコピーが、すべてすんなりとクライアントに受け入れられているわけではありません。たいていの仕事は、何回もの〝ダメ出し〟を経て、できあがっていきます。

じつは少し前、ぼくは政府の広報アドバイザーをつとめていたことがあって、ときには首相官邸で政府広報についての意見を話すような機会もありました。こっちが恐縮してしまうようなエライ人たちから「先生」と呼ばれたりもしたんですね。

でも、そのときも、官邸からの帰り道に立ち寄ったクライアントのところでは、まだ入社2年の若い担当者から、「このコピーじゃダメです」などとダメ出しをされたりしていました。

ただ、こうやってダメ出しをされているのは、広告制作者の当たり前の姿であり、健全な姿だとぼくは思うんです。

なぜなら、広告をつくる仕事は、「他人の幸せのために他人のお金を使ってやる自分のクリエイティブ」だからです。クライアントのお金で広告をつくるわけですから、注文主の目的にかなっていなければ、ダメ出しをされるのは、あまりにも当然のことです。

本当の勝負は、ダメ出しをされてからどれだけ考えられるか。言いかえれば、ダメ出しを制約と思うか、ヒントと思うか。

それによって最終的な広告の出来は変わってきますし、実際にダメ出しから名作が生まれることも、本当にたくさんあります。

たとえば、ＪＲ東海の「そうだ 京都、行こう。」も、ぼくは競合プレゼンで負けてしまった側にいたのですが、厳しいダメ出しから生まれたすばらしい広告だと思っています。

この競合プレゼンでは、なかなかクライアントからＯＫが出ず、何度もプレゼンのやり直しがありました。

クライアントは「凝ったアイデアはいらない、絵はがきのような京都のきれいな景色があればそれでいい」と言う。でも、ぼくらのチームは「絵はがきではいい広告にならない」と考えていましたから、その要望はちょっと違うんじゃないかと思っていた。だから、そうではない方向の提案をしつこく続けていました。

最終的に勝ったのは、当時電通にいた佐々木宏さんのチームでした。

ぼくらは負けたのですが、でもダメ出しの理由に、あまり納得しては

JR東海／「そうだ　京都、行こう。」

いませんでしたから、勝った案も、それほどすばらしい広告ではないだろうと高を括っていたのです。それだけに「そうだ 京都、行こう。」のキャンペーンは、ぼくにとってちょっとした衝撃でした。

佐々木さんたちは、アイデアはいらない、絵はがきでいい、という要望に対して、あの広告で〝最高にすごい絵はがき〟をつくって見せてくれました。最高の絵はがきは最高の広告クリエイティブになる、と証明したのです。

たしかに京都には、広告のアイデアがどうという以前に、すばらしい風景があり、ポテンシャルがあります。おそらくクライアントはそのことを指摘していたのだと思うのですが、そのダメ出しを制約と受け取らずにヒントにして、佐々木さんたちは誰もが認める名作をつくったわけです。

もちろん、なんでもクライアントが言うとおりにつくればいいとだけ考えて、「他人の幸せのために他人のお金を使ってやる、他人まかせのクリエイティブ」になってしまってはいい広告はつくれません。

そもそも、そんな気持ちでつくったものでは、他人を幸せにすることもできません。自分のクリエイティブという気持ちは、やっぱり大切にしたい。

でもダメ出しこそが、自分の考えをひとつ先に進めてくれる大きな力になるのもまた事実なのです。

本当にすごいアイデアって（小さな工夫）。

ぼくがコピーの学校に通っていた頃の話です。

当時、講師をしていた糸井重里さんから、「コンビニエンスストアで、こんなサービスやイベントをしてくれたらすごくいい、と思えるアイデアを考えよう」という課題が出されたことがありました。

ぼくを含めて、そのときの学生たちは、いろいろと自分たちなりに必死で考えました。

そして、「コンビニで歌手のマドンナがコンサートをやる」とか、「コンビニがシアターになる」とか、アイデアの〝奇抜さ〟を競い合ったわけです。

ところが、そのとき糸井さんがいい例として口にしたアイデアは、ぼくたちが考えたものとはかなりタイプが違ったものでした。

「たとえば、買ったカップラーメンに、その場でお湯を入れてつくれるサービスがあったらいいね」と。

いまではどこでもやっている当たり前のことですが、当時はまだ、コンビニでそういうサービスをあまり見たことがなかったんですね。ただそのときは、その話を聞いても、正直なところ、ぼくは「つまらない」と思った。「マドンナがコンビニにくるほうが、突拍子もなくて、よほどすごいんじゃないか」と感じたわけです。

でも、いまになってみれば、そのとき糸井さんが言おうとしていたことはよくわかります。

コンビニを利用する人の幸せを考えれば、必要なのはやっぱりマドンナのコンサートではなく〝お湯〟です。

ふつうの人は、マドンナのコンサートは、やっぱりコンビニよりも東京ドームで見たいと思うでしょう。それよりは買ったカップラーメンをその場でつくれるようになったほうが便利で、はるかにうれしいはずです。

一見地味なように見えても、世の中の人が本当に必要としていて、まだ存在しないものを見つけ出す。これは、ただ単に奇をてらったことよりも、本当にすごいアイデアだとぼくは思います。

たとえば、ある時期から東海道新幹線のなかではじめられた、〝生ビール〟の販売も、それほど派手な試みではありませんが、ぼくには〝すごいアイデア〟だと感じられました。

出張帰りなどで新幹線に乗ったときには、やっぱり缶ビールよりも生ビールがうれしい。小さな工夫かもしれません。でも、コンビニと同じように、新幹線で必要とされているのはマドンナではありません。〝受け手のよろこび〟を考えれば、ビールを「缶」から「生」にするのは、本当にすばらしいサービスです。

同じことが、広告クリエイティブにも言えると思います。ほんのささいなアイデアや小さな工夫に見えるものでも、受け手が心からよろこんで、コミュニケーションにつながるものの価値って高い。

本当にすごいアイデアとは、そういうものを指すんじゃないかとぼくは思うんです。

第3章

コピーを超えるコピー。

正論こそサービス精神をもって語ろう。

このところ、環境問題や社会貢献活動を扱った広告が増えてきていますが、こうした〝正しいこと〟を言わなくてはいけない広告では、コピーを書く際に、ひとつ注意しておいたほうがいいことがあります。

正論を口にしようとすると、人間はどうしても「自分は正しいことをしているんだ」と思い込んで、妙に居丈高になってしまいがちです。つい教え諭したり、訓示を垂れたり、説教したりしようとしてしまいます。

しかし、いくらその中身が正しいことでも、上からものを言うような姿勢では、聞いた人の気持ちは動かないし、そもそも反発を食らうでしょう。

たとえば、話は変わりますが、かつての社会党（現在の社民党）の政策主張なども、このあたりが欠けているなァと、ぼくは感じていました。理念には、きっと正しいことも多かったはず。ただ、表現の仕方が「正しいことは正しいんだ！」だけなので、たくさんの人の気持ちを動かすことができない。

正論を表現するときにこそ、サービス精神が必要です。正しいことを言おうとするからこそ、マジメでつまらなかったり、押しつけになったりしないように、コピーにも工夫が欲しいわけです。

正しいからこそ工夫する

実際に、環境問題などの〝正しいこと〟をテーマにした広告のうち、本当に広告として機能しているものは、〝ただ正しい〟だけのものではありません。

たいてい、正しいうえにおもしろかったり、正しいうえにカッコいいものだったり、正しいうえにお茶目だったりします。

たとえば、2003年に話題になったKINCHO「水性キンチョール」のCM「つまらん」篇は、商品の環境への配慮をテーマにしたものですが、ちゃんとしたサービス精神をもって語られていました。

どうしてキンチョールが水性になったのかとの問いに答えた岸部一徳さんの「それは地球のことを考えて空気を汚さないように……」という言葉に、大滝秀治さんが「つまらん！」と言ってのける——そういうかなり大胆なコピーを使ったCMですが、この「つまらん！」という、少し思い切ったギャグのようなひとことがあるからこそ、水性キンチョールが

KINCHO／CM「水性キンチョール・つまらん」篇

大滝：どうしてキンチョールは水性にしたんだ?
岸部：それは地球のことを考えて……
　　　空気を汚さないように……
大滝：つまらん!　お前の話は、つまらん!
NA　：新しくなった水性キンチョール
大滝：つまらん!

環境にいいということが説教くさくなったり、押しつけがましくなったりせずに伝わるわけです。

ぼくもまた、〝正しいこと〟を表現するときには、とくに「ちゃんと工夫しよう」と思うようにしています。

たとえば、自分がかかわった仕事でいえば、キリンビバレッジの「生茶」の「ペコロジー」という言葉。

生茶のペットボトルは、使用後に簡単につぶせることが特徴で、いわゆる環境にやさしい容器です。それが「ペコッとつぶせる」という意味で「ペコロジー」と少しお茶目な呼び方になっているのも、正しいからといって「つぶしやすい」というだけでは、多くの人には伝わらないからです。

「正論は正しいのだからそのまま伝えればいい」と考えがちですが、コピーが上からの押しつけになってしまっては、結局、誰の心も動かすこ

キリンビバレッジ／生茶「ペコロジー」

とができません。

正しいからこそ、サービス精神をもって伝えるようにしなくてはいけない。ともすると見逃してしまうことですから、つねに気をつけておきたいところです。

「1対1」と「1対100万」の違い。

コピーは1対1のコミュニケーションではありません。極端に言えば、1対100万、1対1000万のコミュニケーションです。

これは当たり前といえば当たり前のことですが、でも、わかっているつもりでも、意外と意識から抜け落ちてしまっていることが多い気がします。ふと気がつくと、いつのまにかひとりの人に対するような姿勢で、コピーを書いてしまっていたりするものです。

1対1のコミュニケーションと1対100万のコミュニケーションは、根本的に違っています。

1対1で面と向かって友だちに話して聞かせるのであれば、相手をじっくりと説き伏せて、考えを180度、変えてしまうこともできるかもしれません。

先にも例にあげた「若者に古本屋をもっと使ってもらおう」という課題でも、1対1で相手に古本屋のよさをわからせようとするのなら、その人がたとえ古本にまったく興味をもっていない人だとしても、「古きよきものの価値をわかったほうがいい」とか「勉強不足なんだから、ちゃんと本を読んだほうがいい。古本屋なら安く買えるから、本を買って読みなさい」などと説得することも、ある程度は可能です。

でも、1対100万のコミュニケーションである広告では、そうはいきません。なにしろ、面と向かって何時間も話すどころか、できるのは相手に対して、「コピーというひとこと」を投げかけるだけです。

こういうコミュニケーションの場合は、相手を変えようとせずに、受け手の現状をまず肯定することからはじめましょう。そのうえで、彼らが興味をもっていることと自分が伝えようとしていることとの〝接点〟を探ったほうがいい。

「古本屋」の例で言えば、若者たちはマンガ好きで、あまりお金をもっていない人が多いわけですから、その接点を考えて、たとえば、「古本屋なら、水曜日には『週刊少年ジャンプ』が100円で買える」とコピーにしてみる。そうすると「古本屋なんて古くさい本ばかりだろ……」と思い込んでいた相手の気持ちが動くかもしれない。

つまり、相手の嗜好を変えようとするのではなく、相手に応じて自分の見せ方を変えるわけです。そうすれば、相手は共感して、こちらの言い分を受け入れてくれやすくなります。

とくにコピーを書きはじめた頃は、受け手を説得してやろうと意気込むものですが、大人数の相手の意識を1本のコピーでねじ伏せるように変えるのは至難の業です。

1対1の論法は、100万人や1000万人には通用しません。力ずくで説得しようとしてはいけないということです。

企画書だけうまくなってはいけない。

若い人たちからときどき、「企画書の書き方を教えてほしい」と頼まれることがあります。

でも、そのときにかならず答えるのは、「企画書だけが先にうまくなっても意味がない」ということです。

彼らにしてみれば、ぼくの企画書は、それなりに説得力があるように見えるらしいのですが、ぼく自身は企画書の書き方だけをことさら訓練したこともなければ、なにか特別なテクニックを駆使しているわけでもありません。

ただシンプルに、その商品からどういう思考のプロセスを経て企画をつくったのかを、そのまま書いているだけです。

いい企画には、生まれてきた道筋にちゃんとした理屈があります。だから、かならず、「これこれこういう理由で、この広告案ができた」と、きっちりとした説明ができるわけです。企画書はそれを再現するだけで、ある意味十分だと思います。

逆に、いい企画をつくれる能力が自分にないうちに、体裁のいい企画書を書こうとすると、ウソをつくようになってしまいます。「CMのこの部分では、商品の先進性を表現しました……」などと、実際には考えてもいないことをさも考えたかのように書いてみたり、取りつくろったりしてしまいかねない。

たしかに巷には、そうしたとおりいっぺんなことをそれらしく書かせたり、人を口先だけで説得しようとするような企画書のハウツー本も数多く出ています。

でも、そういうテクニックに頼れば、小さな局面では結果を得られても、もっと大きなところで仕事にとって大切なものを失ってしまうことにもなりかねません。

とにかく、まずはいい企画を考える能力を身につけること。そして企画書は、考えたプロセスを順序立てて、そのまま素直に書くこと。ぼくはそれ以外に大切なことはないと思います。

新潮文庫「Ｙｏｎｄａ？」の提案

たとえば、大貫卓也さんといっしょに担当している新潮文庫の「Ｙｏｎｄａ？」を最初に提案したときには、企画書でつぎのように説明しました。

ぼくらが担当する以前から、新潮文庫では、本当に質の高いキャンペーンが行われていました。ひとつのスタイルをつらぬくことで、新潮文庫の「知的な雰囲気」や「本格的というイメージ」をしっかりと確立できていたわけです。当然、ぼくらは、どうしてそんなよくできたものを変えなくてはいけないのかとも考えました。

だから企画書には、まずそのことを、そのまま「従来の新潮文庫の広告はたいへんいい広告だったと我々は思います。」と書いた。

とはいえ、ぼくらにもひとつだけ疑問があったわけです。それは本という商品が、果たしてブランドイメージだけで売れるものなのかということでした。

ふつうは本を買うときに「新潮文庫だから」と選ぶわけではなく、本

新潮文庫プレゼン企画書
（抜粋）

1

従来の新潮文庫の広告は、
たいへんいい広告だった
と我々は思います。

●新潮文庫イコール知的、ナンバーワン、伝統というイメージを確固なものにした。

●一つのスタイルを長く変えないことで、「王道感」があった。

●新潮文庫のブランド広告として、しっかり機能していた。

2

ただ、一つ、疑問があるとすれば

ブランドイメージだけで本が売れるのか？

●本という商品は、やはり、一つ一つの作品の良し悪しで売れ行きが決まるもの。「新潮文庫」のイメージが上がれば、それで売れる、というものではない。

●そういう意味においては、広告が売りに寄与しにくい、難しい商品。

3

我々の目標は、

長期的に見て、もっと直接「売り」にむすびつく活動をしたい。

それは、単なる広告キャンペーンにとどまらない。売りにつながる新システムにしたい。

4

売りにつながる新システムとは

わざわざ新潮文庫を選ぶ理由をつくるコト。

○普通、本を買うときは
太宰治の○○が読みたい、
椎名誠の○○が読みたい、
と思って買うもの。

○そのとき、わざわざ新潮文庫で読もう
と思ってくれる人は、そんなにはいない。

5

○もちろん新潮文庫はメジャーなので結果的に
新潮文庫を買う人は多いのだが、

講談社文庫でも別にかまわない
集英社文庫でも別にかまわない

といったふうに、他文庫へ逃げる客はかなりいるはず。

↓

○わざわざ新潮文庫を買えば、
いいコトがある、トクをする
そんな仕組みをつくろう。

6

クーポンをしましょう。

●クーポンというと、日本では「安っぽい」と思われがちだが、
本来は「買った人が必ずトクをする、買った人の実になる」
という意味で、消費者にとっても有意義なシステム。

●もちろん、「直接売りにつながる」販促手段でもある。

↓

では、

どうすれば、安っぽくなく クーポンができるのか？

新潮文庫の「財産」に 目をつけよう。

○新潮文庫の「財産」とは、日本・海外を問わず、
多彩な「名作」「秀作」「問題作」がせい揃いしていること。

○これらは、いわば、美術館、博物館における「所蔵品」と
おなじである。

○現在、世界の美術館、博物館はミュージアムショップで、
オリジナルグッズを売り、人気を博している。

例）ルーブル美術館ブティックでは、所蔵品「モナ・リザ」の時計が売られている。

これに習って

新潮文庫の
ミュージアム・グッズをつくろう。

●美術館と同じように、新潮文庫でも「人間失格」「鼻」「雪国」「変身」…
など、数々の名作にちなんだすばらしいグッズがつくれるはず。

●新潮文庫のオビにクーポンをつけ、何冊（あるいは何十冊）か読めば、
これらのミュージアム・グッズが必ずもらえるというシステムをつくりたい。

●もらえるものが、従来のプレミアムとは一線を画したセンスのよい
「新潮文庫ミュージアム・グッズ」ならクーポンをやっても
知的・高級になるはず。

9

そして、このシステム
（広告＝店頭＝新潮ミュージアム・グッズ）
を一気通貫するシンボルとして

新潮文庫の
キャラクターをつくろう。

○単なるマスコットではない、
「売りのシステムをつくろう」という姿勢にあった
キャラクターをご提案します。

10

11

○新潮文庫のスローガン＝キャラクター名。本をよむシンボルとして、
たいへんシンプルで覚えられやすい。

○若い人から高齢層まで幅広い好感が得られる。

○ただ単に「カワイイ」だけではなく、新潮文庫らしい
知性的なキャラクターにしたい。

○この「Yonda?」を
広告キャンペーン（イメージ・フェア・新刊）、
店頭（POP、オビなど）、
ミュージアム・グッズ、
すべてに一貫して起用していく。

↓

12

新潮文庫ミュージアム・グッズ

Yonda? Club

○広告キャンペーンYonda?のキャラクターをしっかり定着させた上で、
そのキャラクターをいかした新潮ミュージアム・グッズを登場させる。

○新潮文庫を何冊かよめば、必ず素敵なグッズがもらえる。
そのシステムの名は「Yonda? CLUB」。

○たとえば10冊ならポストカードセット、35冊なら名作Tシャツ、
200冊読破した人にはすばらしいカップ＆ソーサーセット。
いずれもYonda?のキャラクターと文学作品、文豪たちの世界を
うまくミックスした、知的でセンスのいいグッズをつくり、
5冊よんだら10冊、10冊よんだら20冊と、読者のもっと読もうという
キモチをあとおしします。

13

プレゼント例

冊数	もらえるグッズ
10冊	Yonda?ポストカードセット Yonda?キーホルダー
20冊	Yonda?レターセット Yonda?マグカップ　Yonda?バンダナ
30冊	名作トランプ　Yonda?貯金箱
40冊	Yonda?布製バッグ　Yonda?キャップ
50冊	文豪Tシャツ　名作Tシャツ
100冊	Yonda?ネクタイ Yonda?リストウォッチ　Yonda?トレーナー　文豪リストウォッチ
200冊	名作ワイン　文豪カップ＆ソーサー　Yonda?ダイアリー(革製)

14

の著者名や書名、テーマなどで選びます。とすれば、本の売れ行きはひとつひとつの作品によって決まることが多いわけであって、「新潮文庫の広告のイメージがすごくいいから」という理由で買うわけではない。

そこのところを企画書では、「ただ、一つ、疑問があるとすれば」として、「ブランドイメージだけで本が売れるのか？」と問いかけ、同時に「広告が売りに寄与しにくい」とも指摘しました。

そして、そこまで考えて、ぼくらは、単なる広告キャンペーンではなく、もっと長期的に見て直接〝売り〟につながる活動をすべきだとの結論に達した。だから、「我々の目標は、長期的に見て、もっと直接『売り』にむすびつく活動をしたい。」。

当然、どうすれば〝売り〟に結びつくのかを考えなくてはなりません。先ほども言ったように、本は「あの著者のあの本が欲しい」と思って買うものです。極端なことを言えば、どこの文庫であろうと関係ない。同じ太宰治の『人間失格』なら、集英社文庫であろうと講談社文庫であろうと、中身が違うわけではないのですから。そういう状況で新潮文庫を選んでもらうためには、新潮文庫でなければならない理由が必要です。

そのこともそのまま企画書に書いてあります。「売りにつながる新システムとは」「わざわざ新潮文庫を選ぶ理由をつくるコト。」「わざわざ新潮文庫を買えば、いいコトがある、トクをする、そんな仕組みをつくろう。」と。

素直に書くだけ

ここからが具体論。どういう仕組みが〝売り〟につながるのかについて大貫さんと、とことん話し合いました。新潮文庫を買った人がトクをする仕組みはなんだろうかと。

そして最終的に「魅力的なクーポンの導入」という答えにたどり着いたわけです。

ただ、クーポンは、〝買った人がトクをする〟という点で、消費者にとっては本当に有意義な仕組みなのですが、日本ではどうしても安っぽいものに思われがちです。そこをどう解消すればいいのか。企画書では、そのことをまっすぐに「クーポンをしましょう。」と伝えたうえで、「どうすれば、安っぽくなくクーポンができるのか？」と問題提起しました。

その解決策は、新潮文庫の財産でした。名作や秀作、問題作が国内外を問わずに揃っているわけですから、この財産を使わない手はない。いわば美術館や博物館のミュージアムショップで売っている、所蔵品にちなんだグッズのようなプレミアムがつくれる。そうすれば、安っぽくない、知的で高級なクーポンにすることができるのではと考えました。

このことを「新潮文庫の『財産』に目をつけよう。」「新潮文庫のミュージアム・グッズをつくろう。」と提案し、そして最後に「新潮文庫のキャラクターをつくろう。」として例の「Ｙｏｎｄａ？」を見せて、広告表現やＳＰ表現のサンプルをつけました。

この結果が、１９９８年にはじまった新潮文庫の「Ｙｏｎｄａ？ＣＬＵＢ」です。

プレゼンの企画書の段階で、新しい〝売り〟の仕組みをイチから考え

新潮文庫／「Yonda?」

て、何冊でどのグッズがもらえるという計算までしているわけですから、なかなか完成度の高いプランニングだと思います。

でも、企画書そのものには、特別な演出や技巧を施しているわけではありません。「依頼に対して私たちはこう考えました」ということを、ものすごく素直に、ひとつの〝だまし〟もなく、奇をてらうこともなく、考えた順序で書いているだけです。

けれども、その考えた戦略やアイデアが正しくて価値のあるものならば、企画書を読んだ人はおのずと説得されるでしょう。

「企画書だけ先にうまくなってはいけない」というのは、こういう意味なのです。

そりゃそうだ。そういえばそうだね。そんなのわかんない。

いまからお話しするのは、ぼくが考える「常識とコピーと芸術」の三分法です。

ある意見を人に言ったときに、それを聞いた受け手の反応は大きく3つに分かれると、ぼくは考えています。

それは、「そりゃそうだ」と「そういえばそうだね」と「そんなのわかんない」。この3つの反応の違いに、「常識とコピーと芸術」の違いがあると思うのです。

たとえば、あなたの目の前に「豆腐」があると想像してみてください。

ぼくがそれを指さして、「この豆腐は、白いんですよ」と言えば、あなたはきっと「そりゃそうでしょう。見ればわかりますから」と答えるでしょう。

これが「常識」。誰でもわかることを口にするから、「そりゃそうだ」という反応が返ってくる。

じゃあ、つぎにぼくが、「この豆腐の白さはね、現代の不安を象徴しているんですよ」と言えばどうなるか。

聞いた人はほとんど、「そんなのわかんない」とか「はぁ？」とか、自分には理解できないという意思表示をした答えを返してくるはずです。

少し極端かもしれませんが、これが「芸術」です。

当たり前のことを言っても、変なことを言っても、相手からいい反応が返ってこなかった。そこで、つぎにぼくが、たとえば、「豆腐はね、すごく栄養があって、〝畑のステーキ〟みたいなものなんだよ」と言えばどうでしょう。

もしそれに対して、受け手のあなたが「あ、そういえばそうですね」と答えてくれたとしたら、それが「コピー」だとぼくは思うんです。

3つの違いはどこにあるのでしょうか。

「そりゃそうだ＝常識」は、誰もが知っていることです。「そんなのわかんない＝芸術」は、逆にほとんどの人が知らないこと。

でも、「そういえばそうだね＝コピー」は、「知っていること」でもなければ、「知らないこと」でもないのです。ならば、いったいなんなのでしょうか。

コピーの納得が生まれるポイント

ちょっと表現は難しいけれども、「そういえばそうだね＝コピー」は、「知っているのだけれども、ふだんは意識の下に眠っているもの」だと思います。

誰でも知っている「そりゃそうだ」でも、誰も知らない「そんなのわかんない」でもコピーにはならない。そうではなくて、「知っているのに意識の下に眠っているようなもの」を言語化することによってよみがえらせてあげる。そこに、コピーの納得が生まれるポイントがあるような気がします。

世の中の名コピーと言われるものの多くは、この「そういえばそうだね」の部分にあるのではないでしょうか。

少し古い例ですが、糸井重里さんが書いた西武セゾングループの「サラリーマンという仕事はありません。」や、仲畑貴志さんが書いた武田薬品の「カゼは、社会の迷惑です。」も、そこで書かれている内容は決して誰もが「そりゃそうだ」と知っていることじゃない。でも逆に、「そんなこと、はじめて聞きました」ってことでもない。

知っているはずなのに、言葉にできなくて眠っている、〝暗黙知〟みたいな部分を上手に突いているのだと思います。

ただし、コピーや広告が「納得」を最大の武器にしていた時代なら、まったくこのとおりでよかったのですが、コピーライターには、いまはまた、少し違ったところでの勝負も必要とされています。ですから、かならずしも「そういえばそうだね＝コピーあるいは広告」とは、言い切れないかもしれません。

ただ、コピーの基本は、あくまで「人を納得させる」ことです。そしてそれが、「そりゃそうだ」の常識と「そんなのわかんない」の芸術のあいだにある「そういえばそうだね」の部分なんだ、とは意識しておいたほうがいいと思うのです。

「好きだから、あげる。」は、なぜ名コピーなのか？

もう少し、「三分法」の話を続けます。

「好きだから、あげる。」は、コピーライターの仲畑貴志さんが1980年に書いた、丸井のギフトのコピーです。名コピーの代名詞のようにも言われていて、ぼくの大好きなコピーのひとつでもあります。

でも、最近の若い人たちには、「なぜこのコピーが名コピーなのか」がわからない人がけっこういるんですね。

それは彼らの理解力が足りないのではありません。

ただ、生きてきた時代の意識の違いが、コピーに対する感じ方の違いとなって現れているように思うのです。

好きだから、あげる。
突然ですが大好きです。
こんな気持ちになりました。
好きだから。プレゼントの理由は、この一言で充分です。この一言がすべてです。好きだからプレゼントするのです。人と人との幸せな出来事のはじまりには、いつも「好き」という感情の動きがあるように思うのです。まなざしが好き、顔が好き、スタイルが好き、歩き方が好き、声が好き、人柄が好き、おもしろいから好き、度胸が好き、気立てが好き…とまあ、さまざまな「好き」があるわけです。嫌いだからプレゼントするなんて話、あまり聞いたことないですね。好きという心さえあれば、プレゼントのチャンスは無限です。プレゼント。気の利いたもの、シャレたもの、個性的なものと、アレコレ考える。（迷う楽しみ。）そして、コレ！と決めたら、包んでリボンをかけて、メッセージなんかも入れたりします。（驚くだろうな。）さて、それから、どうして手渡すか、どこで手渡すか、なんと言って手渡すかを考える。（胸はドキドキものです。）手渡したときの、開いたときの、あの人の表情を想像したりするともうたまらない。こんな楽しいプレゼント。肩をはらず、もっと気軽に、もっと手軽にすれば、毎日がさらにピカピカしてくるのではないでしょうか。365日、思い立ったらプレゼント。心が動いたらプレゼント。マルイのプレゼント。新しいプレゼント包装紙にピンクやブルーの手形シールをはってさしあげます。いかがです、プレゼントはあなたの分身。「好きだから、あげる」。
・365日 丸井はプレゼント・
0101

丸井／「好きだから、あげる。」

背景にあるのは、「そりゃそうだ」と「そういえばそうだね」と「そんなのわかんない」、3つの感覚の移り変わりでしょう。

じつは「そりゃそうだ」「そういえばそうだね」「そんなのわかんない」の3つは、ずっと固定したものではありません。

世の中の新しい概念は、つねに最初は「そんなのわかんない」のところに現れて、それがあるときに「そういえばそうだね」に移り、やがて「そりゃそうだ」になっていく。時代の感覚は、つねにそういう方向に移り変わっていくんじゃないかと、ぼくは考えています。

1980年に仲畑さんがこのコピーを書いたときには、世の中でギフトといえば、まだお中元やお歳暮などの儀礼的なものが中心でした。が、そろそろ、「そればかりじゃなくて……」という意識が芽ばえはじめていた頃でした。

そんな世の中で、このコピーが「儀礼とかにとらわれて贈り物をするだけじゃなくて、〝好きだからあげる〟という理由だけでいいじゃないですか」と主張したから、1980年の人びとは「そういえばそうだね！」と強く共感したわけです。

ところが、その当時から20年以上経ったいまは、当然、ギフトに対する考え方も違っています。自己主張や感情表現も20年前とは比較にならないぐらいオープンになりました。

その、いまの時代の感じ方なら、「好きだから、あげる。」は、「そういえばそうだね」ではなく、「そりゃそうだ」と受け止めるのが一般的でしょう（もちろん、1980年時点での仲畑さんのコピーの影響力があまりにも大きかったために、〝好きだからあげる〟が、その後の世の中で「そりゃそうだ」になったという部分もあるでしょう）。

だから、いまの時代しか知らない若い人たちが、「好きだから、あげる。」のよさを、20数年前にぼくがはじめてこのコピーを見たときのように感じられないのは当然です。

さらに言えば、もしこのコピーが1965年ぐらいに書かれていたらどうだったか。

「好きだから、あげる。」と主張しても「なにを言ってるんだ。贈り物は、好きだとかという感情以前に、お世話になった人への礼儀として……」と反発されて、「そんなのわかんない」になっていたかもしれません。

コピーの中身は同じ。でも、それが発信される時代の違いで、「そりゃそうだ」にも「そんなのわかんない」にも「そういえばそうだね」にもなるわけです。

コピーライターに必要な時代感覚

この受け取られ方の違いは、「コピーライターがつかむべき時代感覚とはなんなのか」について、教えてくれています。

「広告制作者なら、いまどんなタレントが人気があるのか、どんな音楽が流行っているのかといったことを、かならず知っていなくてはいけないんじゃないか」と考えている人もいるようですが、本当に知らなくてはいけないのは、そういった個別の〝流行りもの〟ではありません。

実際には、流行っている音楽はおろか、ファッションやショップ情報に疎くとも大して困りませんし、「ジョニー・デップって、なにしてる人？」なんて感じの有名コピーライターもいます。

そのかわりに大切なのは、どういう考え方は、いまはまだ「そんなのわかんない」であり、どんな考え方がちょうど「そういえばそうだね」であり、どういう考え方はすでに「そりゃそうだ」になっているのかを、ちゃんと把握していることです。

優秀な広告制作者といわれる人なら、たとえ表面的な〝流行りもの〟や知識に疎かったとしても、この部分をちゃんとつかんでいます。

逆に言えば、どんなに最先端の情報に囲まれていると自負している人でも、この「そりゃそうだ」「そういえばそうだね」「そんなのわかんない」をつかめていなければ、それは世の中をわかっていることにはならない。

コピーライターにとっての「時代感覚」とは、そういうものだと思うのです。

80年代は納得の時代、90年代以降は空気の時代。

広告のコミュニケーションの方法は、1990年頃を境にして、じつは大きく変化しています。

それまでの時代、つまり80年代は「納得の時代」でした。簡単に言えば、受け手にまず、「いいことを言ってるな」「うん、なるほど」とうなずかせること。それが広告コミュニケーションの〝主流〟を占めていました。

たとえば、仲畑貴志さんが書いたTOTOウォシュレットの「おしりだって、洗ってほしい。」、糸井重里さんが書いた西武の「不思議、大好き。」、秋山晶さんが書いたサントリーリザーブの「僕は誰にも似ていない。」のように、すぐれた価値観を示すことで受け手に「ああ、なるほど、

SEIBU
西武
世界の七不思議ばかりじゃない。シンセサイザーだって、小説だって。今日のお天気も、おいしい料理の味つけも。編みこみのセーターも、いい音楽も、人間のカラダも、美しいティーカップも。みんなみんな、心ときめかせるものは不思議でいっぱいだ。不思議の近くには、感動とか発見、幸運なんてコトバがいつもかくれていそう。だから、誰でも、不思議が大好き。これを、1981年の西武のテーマにしたいと思います。
不思議、大好き。

西武百貨店／「不思議、大好き。」

そういうものの見方もあるのか」と納得させ、コミュニケーションを取っていました。

ところが90年代になると、広告の〝伝え方〟がガラリと変化しました。佐藤雅彦さんがサントリーモルツでやった「モルツ、モルツ……」と商品名を連呼したCMや、大貫卓也さんの「ペプシマン」、JR東海の「そうだ 京都、行こう。」にしてもそうですが、80年代にあったような「名言で人をうなずかせよう、納得させよう」という意識が広告に見られなくなりました。

そのかわりに、「なんとなくそうですよね」「いまの世の中って、そういう感じなんですよね」という大きな空気やムードをつくろうとしていたように思います。

ぼくの仕事でいえば、キリンラガービールのCM「ラベル」篇が、その

キリンラガービール／「ラベル・菊池桃子」篇
（1993年放映）

N　：キリンラガービール！
菊池：でしょ。

典型でしょう。1993年頃の仕事ですが、キリンラガーのラベルのなかでいろいろな人がビールを飲み、ひとこと「デスネ。」「でしょ。」などと口にするだけのCMです。

そこには、「キリンラガーはこんな味だから飲んでください」というような、人を説得する情報はひとつもありません。「世の中、なんとなくいま、ラガーなんだなァ」という空気感、存在感だけを強力に発信している、まさに〝空気づくり〟のための広告コミュニケーションです。

ただ、ぼく自身は、コピーライターとして、〝納得〟だけにこだわっているわけでも、〝空気づくり〟だけにこだわっているわけでもありません。そのときそのときに伝わりやすい方法を選ぼうと考えています。

ですから、〝空気づくり〟が求められる時代なら、空気をつくればいいと思ってるんですね。

広告は漫才のようなもの

ただし、〝空気づくり〟が、この先ずっとコミュニケーションの主流であり続けるかどうかはわかりません。ふたたび納得の時代がくる可能性もあります。とくにまたたくまに普及したインターネットは、使い方によっては納得の強力な武器になるメディアですから。

ならば、そのときにどうすればいいのか。ぼくはそうなったらそうなったで、また〝納得を重視したコピー〟を書けばいいのだと思っています。

ちょっと唐突なたとえですが、言ってみれば、広告は落語ではなく、漫才のようなものです。

落語は古典を原則としています。演者によっては多少新しい解釈を加えたり、新作をつくったりする人もいますが、基本方針はあくまで昔のいい話を語り継ぐもの。

でも、漫才には古典がありません。

なぜなら、その時代に合ったおもしろさが求められているからです。やすしきよしの「自動車教習所」のように、名作漫才と呼ばれるものもありますが、いま演じようとする芸人はいませんし、きっとやってもウケないでしょう。

広告もこれに近いと思うんです。必要なのは、そのときそのときの世の中で、いちばんに機能することです。だから、その時点でもっとも伝わりやすい方法を選択していけばいい。

自分のやり方はこれだから変えない、とこだわる必要はありません。少なくともぼくは、こだわらずにやっていこうと思っています。

剣豪コピーと将軍コピー。

宮本武蔵と豊臣秀吉。いずれも「武」の分野で強さを誇った人たちですが、力の発揮の仕方はまったく違っています。

佐々木小次郎との巌流島の戦いで知られる武蔵は、個人の戦いに強い〝剣豪〟。いっぽうの秀吉は、何万人、何十万人という大軍を率いて強さを発揮する〝将軍〟です。

じつはコピーにも、武蔵のような強さを発揮する〝剣豪コピー〟と、秀吉や家康のような〝将軍コピー〟があります。

剣豪コピーは、そのコピーが書かれたポスター1枚で、横に貼られた10枚よりも目立ってしまうような強さをもったコピーです。武蔵ならひとりで10人くらいぶった斬っちゃいますから。まさにそんな力をもった広告コピーですね。

これに対して、将軍コピーは、ポスター1枚だと「なに、これ?」っていうくらい弱いのだけれど、20億円の大規模キャンペーンになると強さを発揮する、すごく目立ってくるようなコピーです。

代表的なのは、シンガタの佐々木宏さんの仕事でしょう。「ボスのむ。」にしても、「そうだ 京都、行こう。」にしても、1枚のポスターでは決して目立つものとはいえません。でも、20億円のキャンペーンになると、なぜか力を発揮します。

ぼく自身の仕事を例にとると、資生堂「TSUBAKI」の「日本の女性は、美しい。」は典型的な将軍コピー。いっぽうで、若い頃の仕事ですが、三楽(現メルシャン)の「一度でいいから、飲んでくれ。」は1枚のポ

三楽(現メルシャン)／オーシャンホワイト

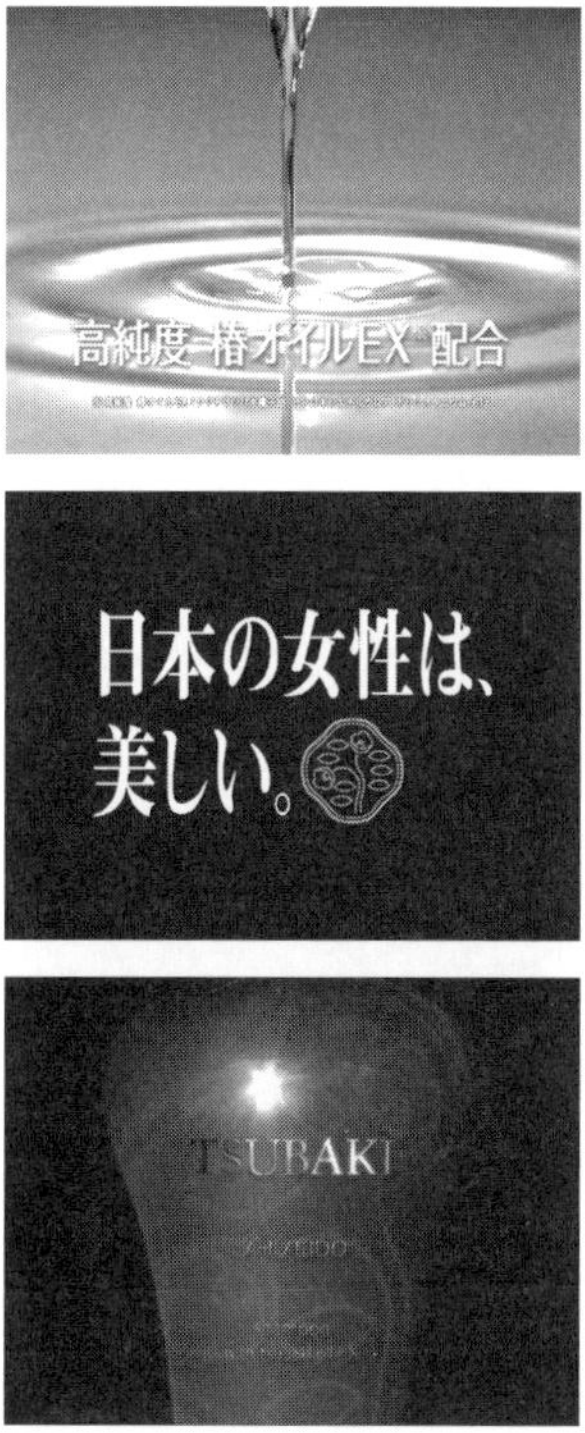

資生堂／TSUBAKI CM「春・宣言」篇

スターで強烈なインパクトを残す剣豪コピーだと思います。

大きな予算を生かしきれるのが将軍コピー

これまでの広告の世界では、高い評価を受けているのはどちらかといえば剣豪コピーのほうです。

将軍コピーは、大きな予算のおかげで目立っているだけだと思われることも多いので、「1枚のポスターでも強いコピーが、20億円ぶんあったらどれだけ目立つか……」みたいな論法で、剣豪コピーこそすばらしいコピーだと評価されがちなんですね。

でも、ぼくはこの見方はちょっと違うんじゃないかと思っています。

だって、宮本武蔵がひとりで戦ったときに強いからといって、20万人を率いても強いわけじゃない。というより、そもそも、武蔵が20万人を率いることはないのですが……。

これと同じで、1枚のポスターと20億円のキャンペーンでは、強さを発揮するコピーのタイプがまったく違うんです。

剣豪コピーは1枚のポスターで力を発揮するかもしれませんが、それがそのまま20億円のキャンペーンを束ねられるとはかぎりません。剣豪コピーを大きなキャンペーンで使ったからといって、将軍コピーのような効果が得られるとはかぎらないと思うのです。

「将軍コピーは20億円の予算があったから目立っただけ」という考え方も、少しおかしい。

たとえば、キリンビールとアサヒビールぐらいの業界大手の広告キャンペーンなら、ライバル商品同士、それぞれ20億円ぐらいの予算を投じます。

でも、大きな予算をかけたから、どちらのコピーも同じように強さを発揮するかといえばそうでもない。やっぱり、そのときどきで残るコピーと残らないコピーがあるわけです。

そう考えれば、予算の規模が大きければすべて将軍コピーになるというわけではないとわかるはずです。大きな予算をうまく生かし切れるからこそ将軍コピーなのです。

もちろん、コピーを書きはじめの人が最初にめざすべきは剣豪コピーでしょう。その言葉だけで強いインパクトをもち、ほかのたくさんの言葉よりも目立ってみせるというのは、コピーを書くうえでの基本中の基本です。

でも、広告コピーはそれだけじゃない。

世の中を大きく動かしているコピーには、将軍コピーというタイプのものがあることも知っておいてほしいと思います。

言葉はキャラクターである。

フリーランスになる前後から、ぼくの仕事にはいわゆる〝キャラクターもの〟が多くなりました。

「広告は、そのときどきでいちばん伝わりやすい方法で伝えればいい」という自分自身の方針もあって、たまたまキャラクターを使うことが増えただけかもしれませんが、でもこうした仕事を通じて感じたのは、キャラクター化という視点は、いわゆるイラストなどのビジュアルだけに求められているものではないということです。

いまの時代は、言葉にもキャラクターのようなものが求められていると思う。つまり、説得する言葉ではなく、すごく簡単で、シンプルで、みんなに気軽にもち歩いてもらえる〝シルシ〟になるような言葉です。

もっともわかりやすいのは、歴史的な名コピーでもある「I♥NY」でしょう。

デザインの効果も大きいとは思いますが、言葉として見事にシンボル化されています。世界中の人たちに勝手にもち運ばれて、言葉だけでひとり歩きをしました。見事にキャラクター化されています。

ぼく自身、もともと人の口の端に上りやすいコピーを書こうと意識していますが、このキャラクターのようになった言葉は、それをつきつめたところにあるものなのかもしれません。

自分の仕事でいえば、代表的なのは、新潮文庫の「Ｙｏｎｄａ?」でしょう。広告では、パンダのキャラクターを使って大きな効果を発揮していますが、もしパンダがいなかったとしても、言葉だけでもキャラクター感があるコピーではないでしょうか。

カタカナで「ヨンダ？」でも、漢字を使って「読んだ？」でもキャラクターにはならないでしょうが、そこをローマ字にすることで、キャラクター性が強まっています。

こうしたコピーを書くときに気をつけているのは、「コピーライターが上手につくった」という感じをできるだけ消すことです。「さすがコピーライター、うまい！」などと思われないように書きたい。そのほうがキャラクターとして、みんなが手に取りやすくなったり、もち歩きやすくなったりするのではないかと思うんですね。

別の言い方をすれば、ぼくが書くコピーの言葉は、〝観賞用〟ではなく、徹底的に〝日用品〟だということです。

額縁に飾られて「ほぉー、スゴイなァ」とほめられなくてもいい。いつもカバンにくっつけているキャラクターグッズのように、自分の書いたコピーをみんなにもち歩いてもらいたいと思っています。

平凡と非凡。平凡と普遍。

ほとんどの人は、広告をつくるときに、平凡な表現を避けようとします。独自性を出そうとしたり、奇抜さを追求しようとしたりして、できるだけ変わったものをつくろうとする。

おそらく、その根本には、変わったものが強い、独特で非凡なものこそがエラくてすぐれている、という考え方があるのでしょう。

たしかに、変わったものや非凡なものには、表現としてのインパクトがあります。

でも、独特であるからこそ、間口が狭いとも言えます。一部の人たちに対しては強さを発揮するかもしれませんが、それ以外の人たちには通じないこともある。非凡を追求していくと、強いけれども狭いものになっていっちゃうこともあるんですね。

ここで考えてほしいのですが、「平凡でないもの」は、すべて「非凡」であったり、「独特」であったりするのでしょうか。

ぼくは違うと思います。

「平凡でないもの」のなかには、「普遍」という大きなフィールドが広がっていると思うんです。

じつはこの「普遍」、しかも「強い普遍」を、広告の世界で見事に表現している人がいます。

アートディレクターの大貫卓也さんです。

彼はつねに、へたをすれば平凡とも取られかねないぐらいに誰にでもわかりやすい表現を追求しています。それでいて、その広告はすべての人に訴えかける強さを備えています。

たとえば、ペプシの「ペプシマン」。「ペプシ」を「マン」にするというアイデアだけなら、もしかしたら学生にだって考えつくことができるかもしれません。

でも、完成した表現は、決してほかの誰にも真似ができないものになっています。大貫さんの仕上げの能力の高さや、さまざまな工夫もあって、圧倒的に強いキャンペーンです。

新潮文庫の「Ｙｏｎｄａ?」もそうかもしれません。「読んだ?」にパンダなんて発想自体はシンプルすぎるくらいです。使っているキャラクターも奇抜でもなければ派手でもない。むしろ平凡に近いかもしれません。

けれども、できあがった広告は、もう10年以上も続いています。いわば〝ロングセラー〟キャンペーンです。

ペプシ／CM「ペプシマン登場」篇

M　：PEPSI-MAN,
　　PEPSI-MAN,
　　PEPSI-MAN.

「強い普遍」は平凡のすぐ横にある

こうした大貫さんの広告表現を見ていると、じつは「強い普遍」は、平凡な表現のすぐ横にあることがわかります。

平凡に近いということは、誰にもわかる〝間口の広さ〟があるということ。でも、広い間口から入っても、思考や仕上げを徹底的に〝深く〟追求するから、「強い普遍」をつくれる。

広告制作者として、最終的にめざすべきは、ここなんじゃないのかなとぼくは思います。

ただ、最初から「普遍」をめざしても、たどりつくのは容易ではないでしょう。

大貫卓也さんも、かつてぼくが博報堂でいっしょに仕事をしていた頃は、としまえんの「史上最低の遊園地。」のように、つねに奇抜で非凡なものをつくろうとしていましたが、まず、人とは違うものを考えようとするほうが、最初の目標としては定めやすい。「人と同じように見えて強いもの」は、その先に存在しているのです。

これは前の項で話した「剣豪コピーと将軍コピー」にも共通している話かもしれません。

第4章

広告的「アタマのよさ」。

「くり返すことができる」が、プロ。

コピーは日本語です。ある意味、誰でもつくることができるものです。それだけに、どんな人にも、ある瞬間にすばらしいフレーズが浮かぶことがあります。ふと口にしたひとことが、思った以上にウケることもあるでしょう。

ただし、その偶然に期待していては、コピーライターとして十分な仕事をすることはできません。

たとえば、いわゆる〝大阪のおばちゃん〟は、会話のなかで、驚くほどのおもしろいひとことを口にします。それこそ、腕のいいコピーライターが束になってかかってもまったく勝てないぐらいにおもしろいことを、いとも簡単に言ってのけることがあります。

でも、そのひとことがすごくおもしろいからといって、大阪のおばちゃんがみんなコピーライターになれるかといえば、答えは「ノー」でしょう。

なぜなら、同じレベルのおもしろい言葉を、別の機会にもくり返し表現することができないからです。打ち上げ花火のように、ヒットをひとつ飛ばすだけでは、コピーライターという仕事は務まりません。

コピーライターは、必要なときにくり返し、ある程度以上のすぐれたコピーを書くことができて、はじめてプロと言えます。

ぼくはプロには、大きく分けて、絶対的なプロと相対的なプロの2種類があると考えています。

カール・ルイスのような陸上競技のプロは、100回走ってもアマチュアには一度も負けない。たとえ下痢をしていても、負けないでしょうね。

これが絶対的なプロです。

いっぽう、ゴルフのプロはどうでしょうか。タイガー・ウッズはプロ中のプロですが、１００ホールの勝負をすれば、ボギーをたたくこともあります。そのときにタイミングよくパーをセーブすれば、うまいアマチュアならばそのホールだけは勝利を収められる。

でも、トータルのスコアでは勝負になりません。タイガーの圧勝です。

１００回に1回は負けても、トータルなら勝つ。これが相対的なプロ。

もっと言うと、ボウリングや麻雀のプロは、さらに相対的なプロです。1ゲームだけなら、アマチュアが勝つことも、それほどめずらしくはありませんから。

だから陸上のプロがいちばんエラい、ゴルフやボウリングのプロはダメ、と言っているのではありません。それぞれのジャンルにおいて、〝プロの意味〟は違っているのです。

では、コピーライターのプロは、どういうプロでしょうか。

ぼくは、ゴルフとボウリングの中間くらいではないかと思っています。そのくらいの「相対的なプロ」です。

1回だけの勝負では、アマチュアに負けることもある。でも、クライアントから依頼があったときには、かならずある一定以上のレベルのコピーを、何度でも書くことができる。それがコピーライターに求められる、大切な資質ではないでしょうか。

どこがいいのかを正しく理解する

「あるレベル以上のものをくり返し書く」ために必要なのは、自分の書いたコピーがなぜいいのか、どこがいいのかを正しく認識できていることです。

〝大阪のおばちゃん〟が、いつでもおもしろい発言をくり返せるわけではないのは、自分の発言がなぜおもしろいかを正しく理解していないからです。なんとなく口にしたらおもしろかった、というノリですから、続けて同じレベルの発言をくり返すことができません。

でも、自分のコピーのよさやすぐれているところをしっかりと理解していれば、あるいはどういうコピーが広告としてすぐれているのかがわかっていれば、同じレベルの表現をくり返し生み出すことができます。

この本でずっと説明してきた「論理」は、この「くり返せる力」のためでもあるのです。

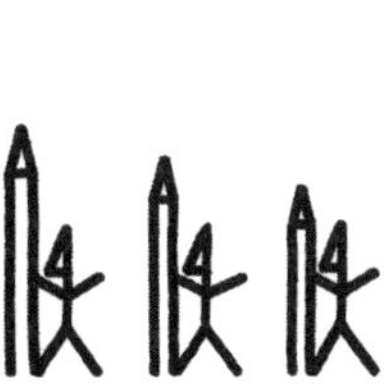

エンジンとガソリン。

ここまでずっと、コピーやアイデアの発想を〝論理的〟にとらえることを強調してきましたから、なかには、「感性やセンスはいらないのか」と疑問を抱く人もいるかもしれません。

もちろん、コピーは論理だけで書けるものではありません。感性やセンスも必要です。その割合は、人によって違いはあるでしょうが、3割程度ではないかとぼくは考えています。

7割はやはり論理。どう書けば伝わるのか、どういうコピーが十分な役割を果たすのか、という、ここまでさんざんに説明してきた「コピーの論理」です。

この論理と感性の関係は、コピーを書く作業ではエンジンとガソリンのようなものだと思います。エンジンが論理、ガソリンが感性で、2つが合わさって、コピーライティングという動力を生み出す。

ただ、ガソリンという〝感性〟は、その言葉どおりに石油からできるものですから天然資源です。

人によってそれぞれで、もとからたくさんもっている人もいれば、ちょっとしかもっていない人もいる。サウジアラビアみたいな人もいれば、資源に乏しい日本みたいな人もいます。

そして、このガソリンという〝感性〟は、ぼくがなにかを教えたぐらいで急に増えたりはしません。おそらく読者であるあなたが、これまでの何十年間かでなにを考え、どう生きてきたかによって、そのだいたいの量は決まっていると思います。

それに比べると、エンジンという〝論理〟は、教えることによって、いくらでも伸ばすことができる。

たとえガソリンがちょっとしかない人でも、最高の技術の低燃費エンジンを身につけられれば、速く走ることもできます。つまり、いいコピーやいいアイデアを考えられるようになるわけです。

実際、ぼく自身は、どうひいき目に見ても、「感性＝ガソリン」は人並み以下しかもっていない人間です。

でもというか、だからというか、エンジンについては、かなり追求し続けてきました。そのかいあって、一応は人並み以上と言ってもらえるコピーやアイデアをつくれるようになったのではないかと思っています。

序章でお話ししたことに、結局また戻っていくのですが、このエンジンこそが「発想体質」であり、「コピー体質」なのだとぼくは考えています。

あとがき

広告についての講義を2時間ほど集中して話したあとに、深く落ち込んでしまうときがあります。「じぶんは、そんなエラそうなことを皆に話せるだけの仕事をできているんだろうか……」と憂うつになってしまうのですね。

200ページ以上の本書を出版したあとは、はたしてどのような精神状態になるものなのか、いささか不安ではありますが、広告クリエイティブの作業は自己嫌悪と自信過剰の果てしないくり返し。じぶんが発言したことには、これからいいコピーを書き続けることで責任を果たすしかないのだろう……と、いまはあらためて覚悟を決めようと思います。

本書の内容については、読み返してみて、「あまりにも基本的なことを書きすぎたか？」と思う部分と、「一見、簡単のように見えて、抽象的すぎて高度なのかも」と思う部分の両方があり悩みましたが、じぶんにとっての広告コピーの書きかたはある程度網羅できたのではないかと考えています。ここには、門外不出の奥義も企業秘密にしなければいけないテクニックもなにひとつありませんが、ぼくが23年半考えてきたコピーライティングの基本的なフォームは詰まっています。あとは、その〝方法〟が読者のあなたにとって「描写ではなく解決」になるように祈るばかりです。

この本は、きわめてシンプルな書物ではありますが、ぼくの生来の筆不精のせいもあって、完成までに思わぬ年月を費やしてしまいました。その過程で、博報堂の山田亜佐子さん、石下佳奈子さん、元博報堂の中村恭子さん、そしてフリーのエディターである松永光弘さんの多大な協力を得ています。ほんとうに、ありがとうございました。

2007年7月　谷山雅計

『広告コピーってこう書くんだ！読本』後日談

『広告コピーってこう書くんだ！読本』後日談

最初に感謝の気持ちを伝えたいのですが、2007年に『広告コピーってこう書くんだ！読本』を出してから17年間、コピーライターを目指す人を中心にとてもたくさんの人たちに読んでいただけて、すごくうれしいなと思っています。まさかここまで長く、いろんな人に手に取ってもらえる本になるとは思いもしませんでした。本当にありがとうございます。

ただ、17年も経つと、社会環境も変わりますし、広告の世界で言うとメディアの状況も違ってきます。いまの若い人たちには、肌感覚ですぐにはわからないような部分も出てくるんじゃないかと思いました。

もちろんそれは、あらゆる本や映画などの創作物にあてはまることで、ふつうはその「わからないところ」を受け手が想像力で埋めたり、調べて補足したりするわけですが、この本の場合は、例として取り上げているコピーにしても、2007年当時からさらに遡った時代に書かれたものだったりもします。さすがに話が通じづらくなっているところもあると思い、本が出たあとに気づいたことや考えたことなどもふまえつつ、創作余話のつもりで、2024年の目線で補足してみることにします。

―序章―

はじめに「発想法ではなく、発想体質を」

どこがわかりづらくなっているだろうか、と編集担当の松永光弘さんに訊いたら、「アニマル浜口さんの存在も、そうかもしれません」と言われて、そこから!?と驚いたのですが(笑)、一応補足しておくと、アニマル浜口さんは、ボディビルダー出身の元プロレスラーです。アテネオリンピックと北京オリンピックの女子レスリング銅メダリスト、浜口京子さんのお父さんと言ったほうがわかりやすいかもしれませんね。ちょうどこの本の旧版が出た2007年当時は、アニマルさんが娘の京子さんを応援するときに連呼する「気合いだっ!」という言葉が話題になっていて、メディアでも注目を集めていました。

でも、本篇でも書いているように、彼はボディービルダー出身で、いまは指導者でもあるぐらいですから、その「気合い」は一種のパフォーマンスで、実際には合理的なトレーニングをしているはずなんです。要するに、スポーツの世界は、当時からロジカルだったということなんですね。

それから17年経って、どうなったか。スポーツの世界は、ますます理詰めになってきていると感じます。最近はYouTubeでも世界中のアスリート動画が見られますが、そこで話されていることはきわめてロジカルです。もっと言えば、いまでは高校生ですら科学に基づいたトレーニング方法を取り入れています。

そのいっぽうで、コピーを書いたり、アイデアを考えたりする仕事はどうかというと、依然として感覚にとどまっているところも多い。スポーツとの差が縮まるどころか、逆に開いていっているのではないかとすら感じます。

なぜ変わりにくいのかというと、きっとクリエイティブな仕事は、それによってもたらされた結果を客観的に把握しづらいからではないかと思うんですね。

スポーツはタイムやスコアといったもので数値的に

とらえやすい。いっぽうでクリエイティブな仕事の場合は、すごく話題になったとか、賞を獲ったとかという評価の仕方はありますが、数値的に計量するのがなかなか難しい。売り上げでわかるんじゃないかと言われることもありますし、さまざまな指標が生まれてきているのはたしかとはいえ、解析しづらいところがある。

でも実際のところは、クリエイティブな領域も含めて、世の中のほとんどの仕事は、原因と結果の組み合わせでできています。「これをやれば、こういうことになるんじゃないか」と原因と結果の関係を予想したり意識しながら、ものをつくり、企画しますし、「こうなったのは、こういうことをした結果だ。じゃあ、別のやり方に変えてみよう」と、そこをふまえて改善します。いいコピーを書けるようになるには、その根本の部分を認識する必要があるんです。

コピーの講座でよく話すのですが、ぼくの場合は、これに関していちばん役に立ったのは中学生までの義務教育です。義務教育課程にはいろんな教科がありますが、とどのつまりは同じことを教えている気がするんですね。それがまさに原因と結果の相関関係で、「こういうことをすれば、こういう結果になりますよ」という原理をいろんな題材で教えている。歴史だったら、こんなひどい政治をしたら、結果、反乱が起きる。生物ならば、おしべとめしべがくっついたから生命が生まれる、といった具合に。

なかでもシンプルにそこを追求しているのは数学です。数式を立てたら、こういう答えが導き出される、という学びですから。実際、ぼく個人で言えば、義務教育のなかでも、コピーやアイデアの仕事にいちばん役に立ったのは数学の考え方だと思っています。

もちろん現実には、大学受験が終わって5年も経たないうちに公式や解法などはほとんど忘れてしまっていますが、数学で使ったアタマの働かせ方はちゃんと脳のどこかに残っていて、仕事に生きている気がはっきりします。

だから、よく「数学なんて、社会に出てからいちども使ったことがない。勉強する意味がない」と言う人がいますが、それは違うんじゃないか。だって、スポーツでも鉄アレイを使って筋肉を鍛えますが、実際のプロ競技で「鉄アレイ上げ」「鉄アレイ投げ」なんて種目はないですよね。でも、競技で使わないからといって、そのトレーニングは無意味と言うのもおかしい。

これと同じで、数学の公式自体が大切なんじゃなくて、それによってアタマの使い方を覚えたり、鍛えたりするプロセスに意味があるんです。

といっても、コピーライターをめざそうと考える人たちはたいてい大人ですから、こういう話をすると「いまさら、中学生までの義務教育が大切だと言われても困る」と返されます。もっともな話です（笑）。それなら義務教育以外で、原因と結果の相関関係について、アタマを鍛えるにはどうすればいいのかというと、方法のひとつが本篇の最初のほうでお話ししている「『なんかいいよね』禁止」なんです。

「なんかいいよね」禁止。

本が出たあとで、まわりの人たちが、ここがよかった、あそこがよかったと感想を寄せてくれましたが、なかでもいちばん反響が大きかったのが、「『なんかいいよね』禁止」でした。

ただ、タイトルだけを見ると、じつはちょっと誤解を生みそうなところもあるんです。「『なんかいいよね』禁止」ですから、そのまま理解すると「なんかいいよね」と言ってはダメだということになるわけですが、本篇を読んでいただくとわかるように、実際には、禁止してはいないんですね。日常のなかで「なんかいいよね」と思ったときに、そこで終わらないで、「なぜいいのか」に踏みこんで考えることが大切なんだと言っています。

だから、「なんかいいよね」と思うこと自体は、すごく大事なチャンスなんです。それさえ思えない人も世の中にはたくさんいますから。いろんなことに対して「あれ、なんかいいよね」「これも、なんかいいよね」と思える時点で可能性がある。そのポテンシャルを、「なぜいいのか」と考えることでちゃんと生かしていきましょう、ということです。

これ、極端なことを言えば、別に「なぜいいのか」に答えが出なくてもいいんですよ。そうした思考をふだんから習慣にして、さっきお話しした原因と結果の相関関係を考え抜いて、思考を鍛えていくことが大切なので。

実際にぼく自身も、博報堂に入った若い頃はとくに「なぜいいのか」をよく考えていました。たまたまとなりの席にいたのが、のちに広告界を牽引することになるアートディレクターの大貫卓也さんだったので、自分ひとりで考えるだけでなく、大貫さんとも毎日のように、「自分たちは全然いいとは感じないが、なぜあの広告は世の中でウケるのか?」「最近、佐藤雅彦という人のCMが話題になっているけど、あの手法、どう思う?」などと、日夜、話し合ってもいました。

そういうやりとりのなかでアタマが鍛えられていったのはまちがいないですし、自分がつくるものにも生かされていたと思います。

もうひとつ、「『なんかいいよね』禁止」を実践するなかで身についていったのは、「メジャーに支持されるとはどういうことか」という感覚かもしれません。

ここのところに関しては、映画『私をスキーに連れてって』の監督で、ビッグコミックスピリッツ『気まぐれコンセプト』の作者としても知られるホイチョイ・プロダクションズの馬場康夫さんが、あるインタビューに答えて、とても参考になるお話をされています。

馬場さんは、学生時代から映画を撮っておられたのですが、大学を出たあとは一時、日立製作所の宣伝部にいらしたんですね。当然、さまざまなジャンルに通じていたし、クリエイティブの世界についての自信もあったから、ご本人いわく、「肩で風を切るような感じで」会社に入った。そうしたら、初日にそのあと上司になる人から呼び出されて、「おまえ、自分が他人と違うと思っているだろう」と言われたそうです。

それはまったくの図星で、しかもそれでいいと思っておられたので、馬場さんは「オレは人と違いますよ」と答えた。すると、こう言われたというんですね。

「そうだろう、そういうふうに顔に書いてある。でも、もしこれから広告屋として成功したかったら、人となにが違うかじゃなくて、人となにが同じかということだけを考えろ」※注

すばらしいですよね。「なにが違うか」ではなく、「なにが同じか」。たしかに世の中では、生まれも、育ちも、環境もまったく違う人が、ある同じものについては共通に「いい」と感じることがあります。広告はまさにその共通点のうえに成り立っているんです。

そこにはメジャーというもの、もしくはたくさんの人たちとコミュニケーションするうえで大切な「広さ、太さ」に通じるものがあります。「なんかいいよね」で終わらせずに、その先の「なぜいいのか」を考えるこ

とは、そうした「とらえ方」を手に入れることにもつながると思います。

※注：現代ビジネス（2012年8月30日）

―第1章　生きたコピーの書き方。―

なぜ「たくさん」書かなくてはいけないか。

「たくさん書くことが大切だ」という話をすると、ぼくが教えている講座の提出課題でも、1000本ぐらいコピーを書いてくる人がいます。でも、書いてきたものをよく見てみると、たいていは数を稼ぐことが目的になってしまっていたりする。極端なことを言うと、コピーの数自体は1000本あるけれど、内容の視点は3つぐらいしかないいんじゃないの、ということもあります。

当たり前のことですが、単に本数を増やすための「たくさん書く」には意味がありません。

それなら、まず視点・切り口をたくさん用意してから書いていけばいいのかというと、それもほんの少し違うとぼくは感じます。もちろん多くの視点を見つけることが大切というのは否定しませんが、あらかじめ見つけておいた切り口だけをもとに書いていくと、最初に見つけたところから飛躍することが難しくなっていくんですね。どうしても〝枠〟は最初に決まっていて、あとはそれを表現するクオリティを上げていく、というだけの作業になってしまいがちです。

ぼくが個人的にいいと思うのは、コピーを書きながら視点を手掘りしていく、積み上げていく、という書き方です。ノートなり、メモなりに、自分が文字として書いたものを土台にして、「これを書いたということは、それにつながって、こんな見方もできるんじゃないか」「そこからナナメ上に行くと、こういう可能性もあるんじゃないか」と考えをふくらませていく。

つまりは、書いたものを呼び水にして、さらに発想の領域を広げていくようなやり方ということですね。そうすれば「たくさん書く」ことの意味が大きくなってきますし、それを一定の時間続けていくと、書きはじめたときには「まさか自分がこんなコピーを書くとは、夢にも思わなかった」というような地点にあるコピーをつくることができるようにもなります。

本篇でも「散らかす→選ぶ→磨く」のうち、まず大切なのは「散らかす」だという話をしていますが、そこにはいま言ったような意味があるからなんですね。ぼくは今年でコピーライターをやりはじめて40年になりますが、この職業のコアな力は、結局はそこにあるんだろうなと日々感じています。

たとえば、最近は映画監督やミュージシャンといった異業種の人たちと仕事をすることも増えてきたのですが、打ち合わせの席でいちばん驚かれるのは、コピーライターがひとつのテーマからたくさんの切り口や視点を生み出せるところなんです。

ぼくからすれば映画監督やミュージシャンの方は、ある切り口を深掘りすることにかけてはとてつもない力をもっている人たちなのですが、視点を広げるという点では、一般的にはコピーライターに分がある気がします。コミュニケーションって、「広さ×深さ」で決まるものですから。「深さ」をもっている人たちと組むときにはとくに、コピーライターの「広さを探れる力」は大きな強みになるんです。

そういう意味で、コピーライターがこれから広告だけじゃなく、いろんな領域に出て行って仕事をするときにも、「散らかす力」が絶対に武器になるはずです。

この職業であるぼくらは、そういう力をすばらしい財産としてもっているんだということは、ぜひ意識しておいてもらえたらと思います。

一晩で100本コピーを書く方法。

たくさんの本数のコピーが書けない人は、書こうとしているモノ自体や、それと自分ひとりとの関係性だけを書こうとしていることが多い――ここのところは、17年経ったいまもまったく変わりません。「たくさん書けない人」の典型は、やっぱりこのパターンです。

だから、そのモノと世の中のたくさんの人たちとの関係性を考えていけば、たくさん書けるようになるはず――これも当然、そのまま、そのとおりです。

ただ、この「関係性を考える」話は、あくまで〝最初の壁〟を突破できない人向けのものだということは、理解しておいてほしいなと思います。

2007年にこの本の旧版が出たあと、「谷山さんはいつもあんなふうに考えているんですか?」と聞いてくる人がけっこういたのですが、ぼくは当時もいまもひとつひとつ関係性を考えたりはしていません。「このモノとおじいちゃんの関係はなんだろうか。赤ちゃんだったらどうだろう」などいちいち意識しなくても、さすがに多くの視点をもつことができるようにはなっています。

最近は、とにかく手っとりばやく役に立つ知恵がほしいとばかりに、かんたんに使えて即効性のある手法や手順を求めたがる人が多いのですが、このお話に書いたことは、そういうたぐいのメソッドではありません。あくまで凝り固まったアタマを刺激して、ほぐすヒント、最初の壁を突破するための示唆にすぎません。

それなら突破したあとはどうすればいいのかという

と、（地味な話で申し訳ないですが）その先は思考能力そのものを高めていくしかないんですね。

前のところでも「散らかす」がコピーライターのコアな能力なんだというお話をしましたが、そこはもうコツでどうこうできるものじゃない。「根本的な力」の領域です。大切なのは、（身もフタもない言い方に思われるかもしれませんが）「いまの自分のアタマをさらによくしていく」ことです。この本に書いていることのほとんどは、その鍛え方のヒントなんです。

ボディコピーの書き方（超カンタン版）。

文章は中身があれば、ある程度ちゃんと伝わります。それなのに中身がうすいまま、整え方ばかりを気にする人があまりに多いから、うまい下手を考える前に中身を考えましょうよと書いたのが、このお話です。

ただ、「キャッチコピーの組み合わせで文章をつくっていく」というやり方の印象が強かったらしく、若い人のなかにはボディコピーはキャッチコピーをつなげて書くものだと思い込んでいる人もいたので、少し誤解をといておきたいなと思います。

キャッチコピーを書くときには、「散らかして」、視点を探っていきますから、書こうとしているモノのことをしっかりと考えます。それが１００本ともなれば、相当理解が深まっているはずです。そういう状態になってからボディコピーを書くと、中身があるものになりますよね、というのが、このお話のいちばんの主旨です。

だから、キャッチコピーをつないでボディコピーを書くことはもちろんできますが、強弱のメリハリがつかず、決め言葉が過剰でかえって伝わりづらいものになってしまうこともあります。必ずそうしろということではありません。それができるぐらいの深度で考えてからボディコピーを書く。そうすれば、別にキャッチコピー案をなにひとつ使わなくても、いいボディコピーが書けるはずです。

なぜ「短く」書かなければいけないか。

このお話について本篇に書いたことは、基本的にはそのとおりなのですが、ただ、この十数年でメディアが大きく変化して、少し事情が変わってきているところはありますね。

ひと昔前は「口の端にのぼる」、つまりは「実際の日常会話のなかで話題にしてもらう」ことが大切だったから、どうしてもコピーの言葉を短くしておく必要があったんです。長いコピーだと、ちゃんと記憶して人に話してもらうのが、かんたんではないので。

でも、SNSが当たり前になってくると、そこそこ長い言葉でもコピペしたり、そのままシェアできたりします。人の口を介する必要がないわけですから、それなりの長さがあるコピーでも流通する可能性が高まります。

その代表例だなと思ったのが、2017年に坂本美慧さんが書いた雑誌『ゼクシィ』の「結婚しなくても幸せになれるこの時代に 私は、あなたと結婚したいのです。」というコピーです。かなり長いコピーですが、SNSを中心に、素敵だと大きな話題になり、共感を生みましたよね。かつてはあの長さだと流通が難しかったので、コンパクトにせざるをえなかったんです。

もちろん、あの長さのコピーが、昔もなかったわけではありません。ただ、長いコピーは、たいていは別の短いスローガンを受けたシリーズ広告のうちの1本という位置づけで、〝単独で主役〟ではありませんでした。

70億人が暮らす
この星で、結ばれる。
珍しいことではなくても、
奇跡だと、思った。
結婚しなくても
幸せになれるこの時代に
私は、あなたと結婚したいのです。
ゼクシィ

リクルート／ゼクシィ

その広告に興味をもってくれた人の関心を、さらに深めていく役割のコピーが多かったんですね。

でも、いまの時代は、長いコピーも意識の流通の真ん中に来ることができるようになってきているんです（これはぼくの勝手な意見ですが、つぎの糸井重里さんが現れるとしたら、意外とそこで勝負する人なんじゃないかなと思ったりもします）。

ただし、必ずしも短く書く必要がなくなっている時代とはいえ、コンパクトに削る力がないと、長めのいいコピーを書くことも難しいのではないかとは思います。短く書けるということは、さまざまな事情を整理して「つまるところ大切なのはなにか」を見きわめる力があるということですから。そこが曖昧だと、長めのいいコピーで表現もできないでしょう。

そうとらえれば、「短く書く」は、変わらないコピーライティングの基礎能力なんだと思います。

「描写」じゃない。「解決」なんだ。

このお話は「『なんかいいよね』禁止」と同じぐらい重要な、本のなかのコアです。

ただ、正直に言うと、コピーを書きはじめたばかりの人が抱きがちな「コピーとは描写すればいいんだろう」という思い込みを変えたくて、本篇ではちょっとだけ極端に言い切っている部分もあります。「描写」にまったく意味がないようなもの言いをしているかもしれませんが、実際のところは「解決」のほうの比重がより大きいという程度です。

ほかにも、最後にある「コピーの第一の目的は、『描写』ではなく、『解決』なのです」も、本当は「広告の第一の目的は、『描写』ではなく、『解決』なのです」と言ったほうが適切ですね。広告主にしてみれば、自分たちの企業や商品の状況を好転させたいのであって、なにかうまいことを言ってもらうためにお金を使うわけじゃありませんから。広告として「解決」を意識するのは、当たり前のことです。

ただ、最近の傾向として、制作者が「広告ですべてを解決しなければいけない」と思いすぎなところもあるように思いますね。

たとえば、ぼくが教えている講座で、「日本の食料自給率をアップさせるためのコピーや広告のアイデア」を考えて、プレゼンしてもらうことがあります。すると、農業ビジネスを立ち上げて盛り上げていく、みたいなことばかりを提案してくる人がすごく多い。

もちろん、ビジネスを立ち上げることはすばらしいし、悪いわけではありません。でもそれは「コピーや広告のアイデア」というより、「事業」ですよね。食料自給率を上げるには、そのように産業や経済を動かしていく必要がある。ただ、そこでコミュニケーションでなにもできないのかというと、そうでもないと思うんです。

少なくとも、コピーや広告の力を使えば、「その問題について考えたほうがいいかな」という意識をアタマのなかに少しでももってもらうよう仕向けることはできます。実際に地球温暖化の分野では、誰が考えたのかはわかりませんが、「気候変動」という言葉がよく働いていますよね。ゲリラ豪雨があったり、猛暑になったりするたびにこのフレーズが出てきて、まじめに取り組まないとまずいのかもと多くの人が感じる。

ほかで言えば、「フードロス」もそうです。それ以前に「もったいない」という言葉が流通しましたが、これはすべてにあてはまるぶん、機能するかという点では弱かった。「フードロス」は、それを食に限定してメッセージした、本当に世の中でよく働いている言葉だと思います。

こういうキーワードは、問題を根本から解決するものではないですが、でも言葉が存在することで、「まずいことがあるぞ」という意識が残ります。解決へ踏み出す第一歩、きっかけになるんです。

最近は「アクティベーションプランニング」と言うように、広告の仕事の範囲も広くなってきて、根本的な解決を制作者が直接やってしまうこともあるのですが、本来の広告は、なにもそこまで踏みこんで「万事解決」でなくてもいいんです。

状況を好転させるだけで価値はあるし、そのワンステップになればいい。ここでいう「解決」とは、そういうことなんです。

人はコピーでウソをつく。

本篇で指摘した「古本の涙の跡」もそうですが、日本人には、どこか定型の〝すわりのいい〟話を求めているようなところがある気がします。きっとそのせいで、コピーにも定型を真実のように思って書いてしまう傾向があるのかもしれません。

ただ、そうしたみんなの「定型の話」は、最近かなり減りましたね。というのも、この30年ぐらいで、江戸時代あたりからつながっていた日本の文化などに関する共通認識のようなものが、ぶった斬られた感があるからです。

いちばんの原因はメディアの変化です。昔は家での楽しみといえば、お茶の間にあるテレビを家族みんなで見ることでした。言ってみれば、メディアがほぼひとつしかなかった。

となると、子どもたちは自分が好きな番組を見るだけじゃなく、大人が見る番組をいっしょに見たりもします。時代劇とか、民謡番組とか、まったく興味がないようなものすらも見る。それが共通の知識のもとになっていたんですね。

けれど、いまの時代のようにメディアの数が増えたうえに動画配信サービスが出てきたり、YouTubeがあったりして選択肢がたくさんあると、いっしょにひとつのメディアを見る必要はほぼなくて、それぞれ自分が興味をもっているものだけに触れて過ごすことができます。その結果として、「共通の知識としてもっていたもの」が失われてきているんです。

たとえば、プロボクシングの元世界チャンピオンで、タレントでもあるガッツ石松さんの「石松」。この名前が、幕末から明治初期の侠客・清水次郎長の子分のひとり「森の石松」から来ていることは、彼がリングで活躍した当時（1970年代の中頃から後半にかけて）は、日本中の老若男女ほぼ全員が知っていました。

森の石松といえば、腕は立つのだけど、おっちょこちょいでケンカっぱやい。でも、どこか憎めない……。そういう話が、浪曲や講談で語られたり、テレビ番組でも流れていたりしたからです。

だから浪曲にはまったく関心のない子どもですら、「石松」を知っていた。

でも、いまの30代以下の世代で「森の石松」を知っている人はまずいませんよね。それはやっぱり、興味がないものを見聞きする機会がほぼなくなったからだと思うんです。みんなが自分が関心のあることだけに触れるようになって、かつては共通の知的共有物としてもっていたものが大量に失われてきている。

本篇で書いたように、「古本の涙の跡」を、そういうこともあるかもしれないと考えてしまうのも、そんな共通知識の影響のひとつでしょう。だからこそ、いまの人のほうが、そういうウソには気づきやすくなっているんじゃないかと思うんですね。

ただし、自分の興味のなかだけで生きるというやり方は、受け手でいるぶんにはまったく問題ありませんが、つくり手としてものをつくる立場なら、少し注意が必要かもしれません。とくに広告コミュニケーションのように、自分とは世代も関心もまったく違う幅広い人たちに働きかけていく仕事では、あまりプラスにならない気がします。

つくり手としての自分を育てるためには、偶然見つけた本を読んでみるとか、ふつうなら自分の趣味で選ばないような映画をあえて観てみるとか、けっこう意識的に興味がないものに触れる機会をつくることもプラスになるのではと感じます。

「アイラブ東日本」のウソ。

本篇では「アイラブ東日本」を例にして、実際には誰も思っていないウソをつい書いてしまう、という話をしていますが、なかでもこれが起こりがちなのはレトリックをコピーにもち込んだときです。人って、うまいことを言えたりすると、それが本当のことのように自分でも思い込んでしまうので。

たとえば以前、ぼくの講座の学生が、農産物についてこんなコピーを書いてきたことがありました。

「産地は気にならなくても、誰がどんな気持ちでつくったかは気になる」

一見、いいことを言っているように思えます。でも冷静に考えると、農産物なら、大概の人は「魚沼のコシヒカリ」のように産地のほうを気にしますよね。残念ながら、つくった人の気持ちをそこまで考える人は、実際の生産者などかなりの少数でしょう。つまりこのコピーは、ほぼウソをついている。

こんなふうにちょっとうまいことを言えたりすると、その気持ちよさに酔ってしまって、本当かどうかの検証を忘れるところが書き手にはあるんです。「うまいこと言えた」は自分をもだます。注意が必要です。

ちなみに、先ほどのコピーを書いた人に、「本当か？　本当に産地よりも気持ちが気になるのか？　本当にそう思うか？」と3回聞いてみたら、「……そうじゃないかもしれません」と気づいてくれました（笑）。

書き手のヨロコビ、受け手のヨロコビ（二毛作ジェルのワナ）。

「二毛作ジェル」ほどわかりやすいものじゃなくても、「二毛作ジェル」っぽいコピーをうっかり書いてしまう人は多い——これは17年経ったいまもまったく変わりませんね。コピーライターの初心者だけでなく、プロのなかにもそういう危険性はつねにあります。

本篇でも、ぼく自身が「いい大人の哺乳瓶です」と書いたことがあるとカミングアウトしていますが、あのコピーにしてもクライアントがOKを出しているわけです。別の人が見ても通してしまうこともあるんですね。

そう考えると、書き手のヨロコビだけでなく、つくり手としてのメーカーのヨロコビも問題になるとさえ言えるかもしれません。

書き手、つくり手の目線から離れるのは、そのぐらい難しいんです。瞬間記憶喪失機みたいなものでもないかぎり、完全に切り替えることはできません。

すべてとは言えないですが、ほとんどのものづくりにおける最初のハードルはこれでしょうね。

たとえば芸術は、受け手なんて関係ない、ぜんぶつくり手のヨロコビで突破するんだ、と思われているかもしれませんが、じつはアート作品ですら、その評価を決めるのは「受け手」ですから。ピカソだって、「ピカソってスゴいぞ！」と騒ぐ受け手がたくさんいたからこそ、世の中に名声をもって残っているわけです。

さて、問題はそのハードルをどうやって越えていくのかですが、ぼく自身の経験を振り返ってみても、こうすれば解消されるというシンプルなやり方があるわけではなさそうです。

書いたものをまわりの優秀な人たちに見せて、「よくわからない」「買おうという気にならないな」「この言葉は働きそう」などと指摘してもらい、「これはわかってもらえないんだ」「これならば通じるんだ」ということをくり返し感じて、越えていくしかないように思います。

葉っぱから森をつくろう。

「葉っぱから森をつくる」という発想は、コピーライティングの初歩ではありませんが、ここができるかどうかは、じつはコピーライターとしてキャリアを積み上げていくうえでの大切なポイントのひとつです。

ぼくの感覚からすれば、1枚のいい〝葉っぱ〟が見つかれば、広告キャンペーンの8割方はできていると言ってもいい。〝葉っぱ〟が、そのあとなにを書けばいいのかをディレクションしてくれるわけですから。いい〝葉っぱ〟を見つけて、それを展開することができれば、そのキャンペーンはぜんぶおもしろいものになります。

コピーライターとして世の中で話題になる仕事をつくれるかどうか、活躍できる人と活躍できない人の差は、じつはここにあると言ってもいいかもしれないぐらいです。

おじいちゃんにプレゼントを選ぼう。

2007年に旧版が出たときには、このお話を読んだある美術大学の関係者がSNSに、「うちの全学生に読ませたい」というような投稿をしてくださったりもしたのですが、そこからずいぶん時間も経って、どうなんですかね。いまの若いみなさんは。

ぼくの肌感覚ではありますけど、「自分の好きなものだけが自分の表現なんだ」と思い込んでいる人は、以前より減っている気がします。

昔は、本篇に書いたような「自分自身の好みがすべて」と思っている人が本当に多かったんですよ。でも、最初にそう信じこんでいるのは、一概に悪いこととも言えない。自意識の強さもひとつの重要なエネルギーですから。

「自分が好きなものだけがいいんだ」と思い込んでいた人が、「どうもそれだけじゃ、ダメらしいぞ」と気づいたときに、その気づきによってコミュニケーション能力が一気に高まることが大切なんだと思います。

有名な広告クリエイターがときどき講演会などで「自分がおもしろいと思うものこそが、いちばんおもしろいんだ」と話して、「そのとおり！」と、うのみにする人がけっこういるのですが、ぼくはそこにはちょっとした誤解があると思うんです。

すばらしい広告をつくっている人たちの「自分がおもしろいと思うものがいちばん」は、ほとんどの場合、「他人をおもしろがらせたり、幸せにしたりすること」が当然の前提になっています。そこをちゃんとやりきって、そのうえで「自分がおもしろいと思うことがいちばんんだ」と言っている。

でも、他人を幸せにすることを、まだなにもできていないビギナーの人が「自分がおもしろいと思うものがいちばん、それがすべて」と考えてしまうと、単なるマスターベーションにすぎなくなってしまう。

本当にいい仕事、とくにコミュニケーションの分野でいい仕事をしている人の「自分がおもしろいと思うものがいちばん」には、かならずその前にあふれるほどの「他人への思い」があります。そのことは忘れないでください。

―第2章　もっと伝えるために。―

「原稿用紙」から世の中へ。

ここに書かれているのは、ひとことで言うと「バズる」ことについてのお話です。ただ、いまでこそふつうに誰もが「バズる」と言うようになりましたが、2007年に旧版が出た頃は、そこまで一般的な言葉や概念ではなかったんですね。そういう意味では、このへんの中身は、17年経ったいまのほうが感覚的にもつかみやすくなっているんじゃないかと思います。

とはいえ、最近は「バズればそれでいい」と、「バズる」ことを最大の価値みたいに思いすぎちゃっている人がいるのもたしかです。それのなにが問題なのかというと、「バズった」と言うときって、意外とせまいところの話だったりするんですね。

この『「原稿用紙」から世の中へ。』のお話で想定していたのは、社会全体を横断する広い世の中だったのですが、いまって好きなものや興味関心が似ている人たちが集まった「小さな世間」がたくさんあるような状態じゃないですか。核家族じゃないけれど、「核世の中」みたいなものがひしめいている。「バズった」は、たいていはその「核世の中」で話題になった、ぐらいのものなんです。

「バズる」という言葉が注目されはじめたときに思ったのですが、SNSのおかげでいまは小さな流行が可視化されやすくなっています。そのぶん、昔なら「ちょっと話題になったね」ぐらいだったものが、「核世の中」のなかにいる人には、とんでもなく大きな話題のように思えてしまう。

だから、「バズる」ことには意味はあるし、効果もあるのですが、規模の大きさを考えると、それがすべてであるかのように思ってしまうのはちょっと違うかもしれません。

できることなら、「核世の中」をはみ出して、そこに関心がない人も振り向かせたい。もちろん、「核世の中」に刺されればそれでいいという仕事もあるでしょうが、広告のつくり手としては、「大きな世間」をいつも意識していたいところです。

ただし、前にもお話ししたように、「好きなものにだけ触れる」という生き方をしていると、自分がいる「核世の中」のことはわかるけれど、「大きな世間」のことはよくわからなくなったりします。実際に最近は、自分が日頃かかわりのない商品のコピーやアイデアがつくれないコピーライター志望者が増えている気がしますね。

その意味でも、すでにお話しした「自分が好きでないもの、興味がないものにどう触れるか」は、つくり手にとってはかなり重要なテーマのひとつになってきているんだろうな、とぼくは思います。

みんなが言いたいことを言わせてあげる。

たいていの広告は「みんなが言いたいことを言ってあげる」というスタンスです。世の中のみなさんがふだんから思っていて、言いたいと思っているであろうことを代わりに広告で言ってあげる。そういう広告は、もちろん大きな価値があります。共感が生まれますから。

ただこの項目でお話ししているのは、さらにもうちょっと先、なんですね。もとから、みんなが言いたいなと心の奥底で思っていることを、こちらから言うのではなく、受け手に言わせてあげる。言いやすいような状況をつくってあげる。

広告は、人の意見を変えるものと勘違いされることもありますが、本来はそうではありません。人の意見を引き出すものなんですね。

オールブラックス115―0日本代表

このお話に関しては、コピーライティングにまつわる部分で補足することはとくにありませんが、気になるところがあるとしたら、やっぱり世界のラグビー事情の変化でしょう。

2015年のワールドカップで日本代表が優勝候補のひとつだった南アフリカ代表に勝利したり、2019年のワールドカップではベスト8に勝ち進んだりと、いまでこそ日本のラグビーはかなりレベルが高くなってきていますが、2007年にこの本の旧版が出た当時は、世界的に見ると、正直、まだまだな存在だったんです。

それにオールブラックスも、いまももちろんすごいけれど、当時はもっと段違いのすごみのようなものがあったんですね。こわいぐらいの怪物的な強さがありました。

本篇のお話がそういう背景があってのものだということは、つけ加えておきます。

スキがあるほうが、よくモテる。

SNSが浸透したいまは、ある言葉をもじって遊んだりといったことがより日常的に行われていますから、このお話に書いたことも、以前に比べて理解しやすくなっているのではないかと思います。

まちがった使い方とか、ネタとしての使い方でもいいのですが、そうやって遊べるもの、使えるものは世の中に広がっていきやすいということですよね。SNSもインターネットもなかった昔は、文字どおり口から口に伝わっていくことを考えざるをえなかったので、一流のコピーライターたちは、そういうことをいつもいつも一所懸命考えていたんです。

その頃に比べると、最近は「上手なスキ」をどうつくろうかというところに力を注ぐコピーライターは、減ってきているのかもと感じます。もちろん、いまの時代はSNSというシステムが半分ぐらい流通力を肩代わりしてくれますから、そこまで強く意識する必要がないということもあるのですが、でも、そういう環境だからこそ、昔並みに真剣に〝スキづくり〟に取り組んだらどうなるのか。

きっといろんな可能性があるでしょうね。ぜひつぎの世代にはそういう挑戦をしてみてほしいなと、個人的には思います。

カタチだけの納得。ホントウの納得。

このお話は、本質的なところはいまも変わらずそのとおりなのですが、もしつけ加えるところがあるとしたら、「カタチだけの納得」が以前よりも受け入れられやすくなってきている、ということでしょうか。

SNSを見るとわかることですが、いまの世の中の人たちは本当に名言が好きです。「うまいこと言っているもの」は話題になるし、「うまいこと言う人」にも、それなりに好感が集まります。

とくにある程度以上の出稿量がある広告なら、カタチだけの納得でも、大勢の人と「気持ちの距離」を縮められればそれは成功になるわけですからね。

ポジティブでなければ、
ネガティブアプローチじゃない。

ネガティブアプローチは、極端なことを言えばクライアントが度胸を決めてOKを出せばできるわけですから、やるだけなら、そう難しい手法ではありません。自虐的に否定すれば、ちょっと変わったことを言っているように見えますし、マジメな人たちのなかに、ひとり少しふざけたヤツがいるな、というような目立ち方にはなります。実際に自治体なども含めて、自虐広告のネガティブアプローチはずいぶん増えてきましたよね。

でも、本当にそれが効くものになるかどうかは、また別の話です。

本篇では「商品や企業がもっているいいところを、ポジティブに助長」できるかどうかを、そのポイントとして指摘しましたが、じつはもうひとつ「効かせる」ために必要なことがあります。それは細部のクオリティの追求です。

としまえんの「史上最低の遊園地。」にしても、エイプリルフールにこういう広告をやろうという企画だけなら新人にでもたまたま考えることができるかもしれないですし、近い試みの広告は、このあとにも本当にたくさんあります。

でも、そのなかでも大貫卓也さんが手がけた「史上最低の遊園地。」が、当時きわめて大きな話題になったうえに、いまなお人の記憶に残っているのは、やっぱり細部のクオリティが「詰めに詰めたレベルで」高いからなんですね。

広告をよく見るとわかるのですが（133ページ参照）、「史上最低の遊園地。」というコピーの下に、アタマを抱えるお父さんや鼻をつまむお母さんがいるだけでなく、ひとつひとつの乗り物、アトラクションに、気の利いたネガティブな説明がいちいちついている。涙を流している子どもの横には、「パパー、早くお家に帰ろうよ。」という吹き出しだけでなく、小さな文字で「子供は正直。」とツッコミが書かれていたりもする。そういうすべてが効いているんです。

といっても、ここまでやるには、クライアントとのせめぎあいもあったはずです。それを感じさせる〝目撃談〟を雑誌『BRUTUS』の元編集長の西田善太さんが、以前、『コピー年鑑』に寄稿したエッセイに書かれていました。

西田さんは若い頃は博報堂にいらしたのですが、あるときたまたま入った作業部屋で、「史上最低の遊園地。」の世の中に出る前の原稿を見かけたことがあったそうです。

そして、そこには大貫さんの手書きで、「なにがあっても、ハエだけは死守！」（新聞広告の上のほうにプーンと飛んでいるハエです）と書いてあったと……。そのぐらい細部にものすごくこだわりまくっていたんですね。だからこそ効くんです。

ふつうのポジティブなアプローチの広告なら、メッセージの力があれば、それだけでコミュニケーションを成り立たせることはできます。

でも、ネガティブアプローチの場合は、コミュニケーションの構造がそもそも少し複雑になっています。そのぶん、ちゃんと細部にまで万全に気を配る必要がある、ということです。

いいメチャクチャ、悪いメチャクチャ。

コピーライティングの講座に来る学生を見ていると、思わず笑っちゃうようなメチャクチャを書いたり、考えたりする人が減ってきているんじゃないかな、と感じることがあります。どちらかと言えば、正解にはやくたどり着きたい人が増えている気がします。

理由はいくつかあるでしょうが、おそらく広告という仕事自体がその方向になってきているのでしょうね。たとえば80年代には、アニメやお笑いなど、当時一気にメジャーになったカルチャーといっしょになって、広告にも「とんでもないこと」ができるんじゃないか、と思うようなムードがありました。そして、その熱を引きずっている感じが、しばらく続いたんですね。

そうなると、自分もその環境でなにかやってやろうと思う人が当然出てきます。ですから、その頃コピーライターになった人たちには、本篇に書いたようなメチャクチャなことを考えてしまう人も本当に多かったんです。

でも、そこから時間が経って、いまは広告に「とんでもないこと」は、さほど求められなくなりました。コピーライターをめざす人が「正解にはやくたどり着きたい」に向かうのは、その影響もあると思います。

ぼくが教えている講座でも、もちろん「人やモノを動かすきっかけになったり、役に立つ可能性があるか」ということを最重要として、コピーやアイデアの評価軸にします。

でも、じつは評価軸はもうひとつあるんですね。それは、「役には立たないけれど、こういうことを考えたあなたのアタマは見込みがある」です。前者と後者だと、もちろん前者を優先しますが、後者の評価を忘れてはいけないと思っているんです。

なぜかというと、前者ばかり考えていると、発想の幅が行きづまりやすいから。使えないけど、おもしろいことを考えるのもきわめて大切なんです。それがなにかの拍子にガラッと化けて、突然「使えるもの」に変化することもあるので。

実際にぼく自身がコピーを書いているときもそうです。『広告コピーってこう書くんだ！相談室』という本でも披露しましたが、自分のノートには、本当にメチャクチャなことをたくさん書いています。東京ガスの「ガス・パッ・チョ！」のコピーを考えていたときにも、ガス会社の広告なのに「バス、ガス爆発」なんて早口言葉を書いてみたり……（笑）。

もちろん、それを選んでプレゼンはしませんが、でも、そんな〝はずれ〟コピーもたくさん書いて、自分のアタマをもみほぐして拡げていくから、それなりに大きな正解にたどり着くことができたと思います。

最初から〝当たり〟だけをめざしていると、小さな正解は出せるかもしれませんが、「自分がこんなことを考えつくとは、自分自身が思わなかった」というようなところには、なかなかたどり着くことができません。はみ出したことも考えて、発想を広げきって、またそこから立ち戻ってきたときによい正解にたどり着くことができます。そこにはやっぱり、メチャクチャの効用があるんですね。

ダメ出しを制約と思うか、ヒントと思うか。

このお話については、『広告コピーってこう書くんだ！相談室』で、項目をひとつ割いて補足しているので、あらためてつけ加えることはありません。

要は、自分でどんなに完璧なコピーだ、アイデアだと思っていても、考えなおしてみたら、多くのケースでもっといいものができてしまうということです。

アイデアに絶対的な終着点なんてありませんから。まあ、考えなおすのは大変ですけどね……。


本当にすごいアイデアって（小さな工夫）。


いちど本に書いたことは、あまりそのまま講座で話したりはしないのですが、このお話はいまも、若い人たちになにかしらの指摘をしているときに、よく話します。

というのも、人は驚くような発想がいいんだ、大切なんだと思うと、それに引っぱられて、「一見すごそう」なことを考えすぎてしまうこともあるんです。

でも実際には、ほんのちょっとした工夫がブレイクスルーになることって、たくさんあります。もっと言えば、広告をつくるときに「アイデアがなければいけない」と考えるのも、ひとつの思い込みだったりします。

アイデアがなくても、伝えるべきことがきちんと整理されていて、伝え方の順番がしっかりしていたら、それだけでもスッとアタマに入ってきますから。「よくできたチラシ」などで、そういう例を見かけますね。驚くようなアイデアがなくても、十分に優れた広告をつくることは可能だと思います。

大切なことは、意外と足元にあったりします。前の項目で話したように、メチャクチャはメチャクチャでとても大切なのですが、そっちにばかり気を取られるのではなく、「地味に見えて効くこと」を考えることから突破口が生まれることもあると覚えておいてほしいです。

―第3章　コピーを超えるコピー。―

正論こそサービス精神をもって語ろう。

ここでお話ししていることは、変わらずいまの時代にもあてはまることですが、「サービス精神」については、少し補足しておいたほうがいいかもしれません。

ここで言う「サービス精神」は、単純な表現の工夫にとどまらない、コミュニケーションの取り方、考え方のことです。正しいのって、こわいんですよね。完全に同意している人以外にとってはこわい。そこにあてはまらないものを排除するような〝空気〟が、どうしても出てしまうので。

だから、「正論」を同意している人以外に伝えようと思ったら、そこにあるこわさをやわらげてあげる必要があるんです。それが「サービス精神」です。

もっと言えば、「正論」を語る場合にも、それで相手の考えを変えようとするのは広告ではないと思います。そもそもの話をすると、広告は間接的なコミュニケーションですから、ひとりの人間の意見を大きく変えてしまうことは、ほぼできないんです。

もちろん、ものすごく時間をかければできるかもしれませんが、短期的に広告だけで人の意見を変えるのはまず不可能です。人の意見を変えるには、やっぱり会って、説得するしかない。実際に、カルト教団やマルチ商法なんかはそうしますよね（笑）。

では、広告になにができるのかというと、「自分はそれとは関係がない」と思っている人たちに、「あ、それならば自分のなかにも思いあたることがあるぞ」と気づいてもらい、関係を見つけてもらうことなんです。

世の中の人たちの気持ちが変化してきたのを感じ取って、「みなさんの思いは、こういうことじゃないですか？」と言葉やアイデアを見せて、「そうそう」と言ってもらう。そうやって距離感を縮めていく。

広告コミュニケーションとは、そういう作業で、いま流行っている「論破」とは正反対のものですね。

だから、広告で時代は変わらないですよ。時代が変わってきている〝波〟を見つけて、その上に商品や企業を乗せていくのが広告ですから。時代が変わっている力を利用させていただいて、人やモノをうまく動かす。基本はそこにあります。

「1対1」と「1対100万」の違い。

1対1のコミュニケーションと、1対100万、1対1000万のコミュニケーションの違いについては、本篇でもいろいろと話をしていますが、そこにつけ加えることがあるとしたら、「語り手」のとらえ方かもしれません。

1対1のときは、受け手は言葉だけでなく、それを言っているその人がどんな人なのか、ふだんどういうことをしているのか、といったことも参考にしています。語り手の存在がコミュニケーションに影響を与えているんです。

でも、1対100万とか、1対1000万とかになるとそうはいきませんよね。言葉だけが世の中に出ていくわけで、語り手は見えなくなってしまう。コピーとしては、その状況でも機能するかどうかが問われます。

そう考えると、プレゼンの際に、たまにコピーやアイデアの背景の説明のために自分語りをはじめる人がいるのですが、そういう人は1対1と1対100万のコミュニケーションの違いがわかっていないのかなと感じてしまいます。

これが有名人の場合ならば、雑誌のインタビューで言ったことやテレビで話したことが、1対1に近い力を発揮することもあります。みんなが人柄や経歴を知っていますから、「あの人のあの言葉で自分の考えが変わった」ようなことが起こりやすい（念のためにつけ加えますが、それなら広告のなかで有名人が話せばいいのかというと、それでうまくいくわけでもありません。広告だと、どうしても〝言わされている感〟が出てしまいますから）。

要するにコミュニケーションは、語り手が無名か、有名か、認識されているか、認識されていないかによってもやり方が大きく違ってくるんですね。

そういう意味ではコピーは、1対100万どころか、0対100万のコミュニケーションとさえ言えるかもしれません。

まあ、まったく自分がないわけでもないので、厳密に言えば完全に「0」ではないのですが、でも、受け手にはそのぐらいに思えているということです。

企画書だけうまくなってはいけない。

2007年にこの本の旧版が出たときに、とくにプロからいちばんほめてもらえたのが、ここに載せた「Yonda?」の企画書でした。

1998年にこのキャンペーンがはじまったときは、ほかの出版社の文庫広告もすぐに追随した手法をとったりと話題になったので、その理由をみんなが注目してくれたのかもしれません。キャンペーンで実現したことやユーザーの変化が、事前に企画書で予告のように書かれている、綿密だ、と驚いてくれる人もいました。

でも、この企画書自体は、そんなに時間をかけて書いたわけじゃないんです。わりとスラスラまとめたんですね。それはきっと、企画の段階で大貫卓也さんと細かなところまで、考えを詰めきっていたからだと思います。

たとえば、プレゼンの席ではクライアントの担当者から、昭和の頃にあった付録つきのスナック菓子の話が出て、質問されたりもしました。当時は子どもたちが付録ほしさにスナック菓子を買ったものの、本体を食べずに捨ててしまって、ちょっとした社会問題になったんです。クライアントとしては、「Ｙｏｎｄａ？Ｃｌｕｂ」でも同じようなことが起こらないかと心配したわけですね。

でも、それに対してぼくは、「本とスナック菓子の違いは、中身がひとつひとつ異なること。クーポンほしさに買ったとしても、目をつぶって選ばずに本を買うことはないし、そこで『どの5冊にしようか』と考える行為は、本に親しんでこなかった人に興味をもってもらうきっかけになるはず」と即座に答えることができました。そのぐらいのことまでは考えていたんです。

企画書の話に戻りますが、もしもう少しラフに考えて企画をつくっていたら、スラスラ書けるどころか、途中で書く手が止まり、考えこんでしまったんじゃないかと思います。

あるレベルまで練って考えつくしたアイデアの企画書は、迷うことがほぼないし、下手になりようがないんですね。当然ですが、まず大切なのは、しっかりといい企画を考えることにつきます。

そりゃそうだ。そういえばそうだね。
そんなのわかんない。

このお話に出てくる「そりゃそうだ」「そういえば

そうだね」「そんなのわかんない」の3つは、思考の深度の違いとしてとらえることもできます。

なにかのテーマについて連想して、すぐに思い浮かぶ、つまりは浅いところにあるのが「そりゃそうだ」。

いっぽうで、あれこれ深く考えすぎて、〝グジュグジュ〟になった頃に思い浮かぶのは「そんなのわかんない」です。「そういえばそうだね」は、その2つのあいだ。浅くもなく、深すぎるわけでもない、ちょうどいい深度にある。

日常生活のなかでも、すぐにはわからないのだけど、ちょっとだけアタマに汗をかいたら、「あ、わかった」と気づいて快感になるものってありますよね。コピーはそんな思考のちょうどいい深度のところにあるものなんだ、ということです。

「好きだから、あげる。」は、なぜ名コピーなのか。

ちょっとした付録として、糸井重里さんの「おいしい生活」についても、なぜ名コピーなのか、あくまでぼくなりの解釈をお話ししておきます。

ごくかんたんに説明すると、このコピーが書かれる前の1970年代頃までは、収入によってライフスタイルがほぼ決まっているような雰囲気が世の中にありました。これぐらいの収入ならこういう家、クルマはこれ……という、決まりきった常識みたいなものがあった。

糸井さんは「おいしい生活」というコピーで、そこに「もっと自分の感覚や尺度で生活を楽しみましょうよ、自分が〝おいしい〟と感じるようなくらし方をしましょうよ」と提案したと思うんです。

当時の人たちは、どこかで「これまでのパターン化した生活でいいのかな」ともやもやと感じていましたから、このコピーは話題になったし、大きな共感をつかんだのですが、こうやってあらためて説明してみると、「もっと自分なりのおいしさで生活を楽しみましょうよ」って、いまではかなり当たり前ですよね。

つまりは、現時点では「そりゃそうだ」に近くなっているんです。だからやっぱり、いまの時点で多くの人はピンと来づらい。

もっとも、「おいしい生活」の場合は、「おいしい」という言葉の受けとられ方自体が時代とともに少し変わってしまっているので、現代ではまた別の意味（ズルい、ラクをしてといった意味でおもに芸人が広めた。80年代はじめに、そのニュアンスはなかった）に感じる人がいることも、わかりにくさの理由になっているかもしれませんが……。

80年代は納得の時代、90年代以降は空気の時代。

このお話を書いたことで、「80年代が納得の時代、90年代以降が空気の時代なら、2000年以降はどうなんだ？」「2010年代は？」と、いろんな人たちから、ずいぶん聞かれましたね（笑）。

でも、別にぼくは年代に名前をつけたいわけじゃないんです。単に80年代と90年代のあいだあたりで、コミュニケーションの方法論に大きな変化が起こったと言いたかっただけで。

そもそもぼくは、広告というものは「傾向が生まれにくいもの」だと思っています。ひとつひとつ違った企業の、ひとつひとつ違った商品が、ひとつひとつ違った課題をもっていて、それに対してまったく別の解決方法を考えていくのが広告の仕事です。

ファッション業界のように、「今シーズンはこの色を

Woody Allen
千年も万年も。
長いようで短かい一年ではありました「おいしい生活」の年1982年も、終幕が近づいてまいりました。いよいよ人類は、いまだかつて経験したことのない1983年を迎えようとしております。こんな調子で生きていると、遠い先のように考えていた21世紀に、すぐ追いついてしまいそうです。その時がきても、「おいしい生活」。今日も明日もだけでなく、千年も万年も、幾億年も、ひとりひとりの「おいしい生活」が続きますように。西武は、今日も、ずうううっと先も、お手伝いする所存です。
おいしい生活
SEIBU
西武

西武百貨店／「おいしい生活」

みなで推していきましょう」といった合意があるわけでもないし、「今年は泣きの広告で行きましょう」なんてクリエイター同士で申し合わせるわけでもありませんから(笑)、全体の傾向が出にくいんですね。

もちろん、メディア環境は変わっていきますから、そこに合わせた変化は起こるのですが、そういうこと以外には、広告に「大きな傾向」のようなものは現れにくいんじゃないでしょうか。「今年はこういう表現が当たる」、「コピーにはこういうフレーズを使うといい」なんてこともほぼないと思います。

剣豪コピーと将軍コピー。

将軍コピーについては、『広告コピーってこう書くんだ！相談室』で、書き方も含めて詳しく補足しているので、ここでつけ加えることはありません。

ただ、その補足からもすでに9年近く経ちますが、相変わらず、将軍コピーの評価は難しいようですね。広告関連の賞を獲るのは、いまでも剣豪コピーが大半を占めています。

もちろん、すぐれた将軍コピーが出ていないわけではありません。たとえば最近で言えば、ユニクロの「LifeとWear」は、まさに〝大将軍コピー〟だとぼくは思っています。

もともとユニクロは、自分たちがつくる服のことを「あらゆる人の生活を、より豊かにするための服」という意味で「LifeWear」と呼んでいたのですが、そこに「と」を入れたことで、「LifeとWearはつねに密接に関係しているものであり、自分たちがつくりたいのは、そんな服なんだ」という意思がはっきりしました。おかげで発信性が生まれるとともに、いろんなことをたばねられる言葉になっています。

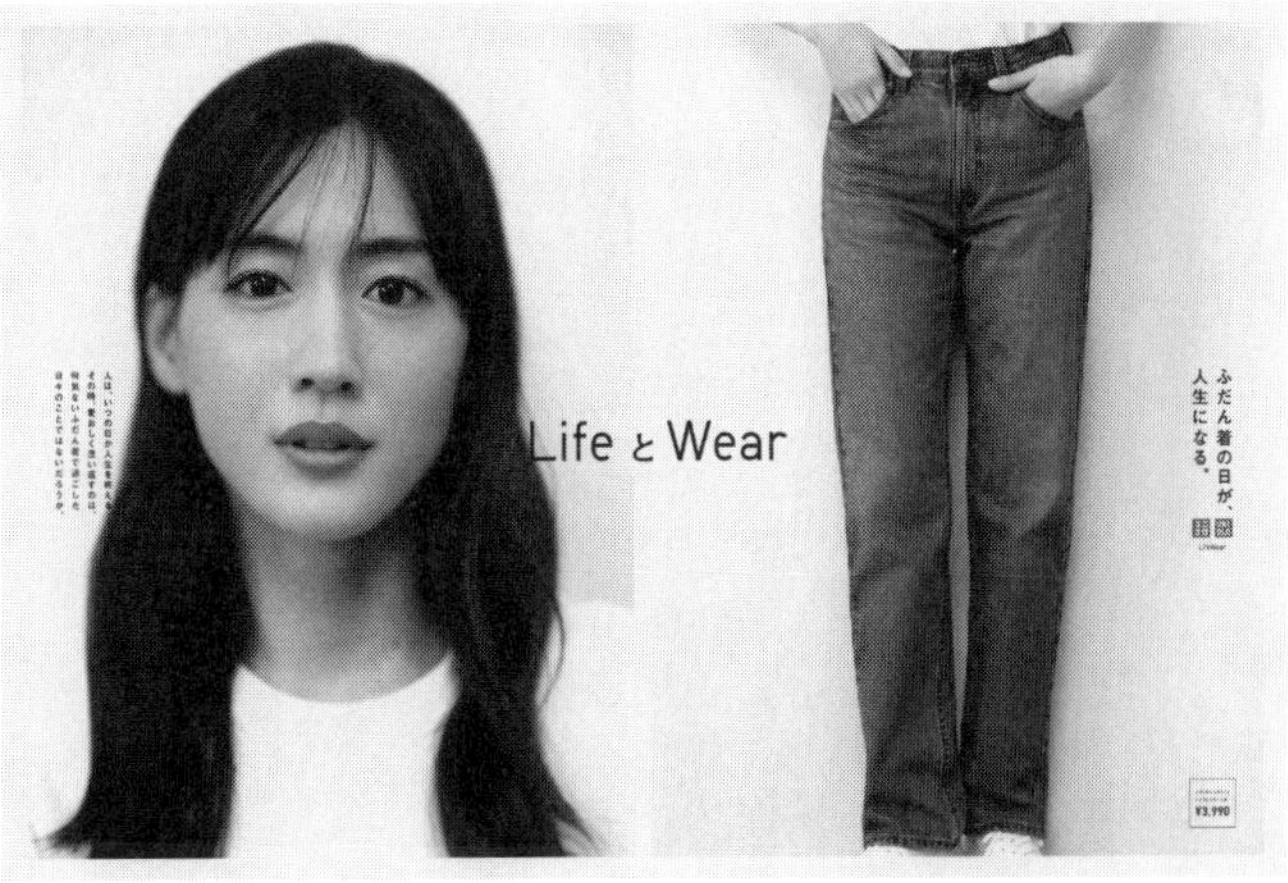

ユニクロ／新聞広告「Life と Wear」

実際にユニクロのCM制作を手がけているCMプランナーの福里真一さんに聞いてみたところ、「Ｌｉｆｅ とＷｅａｒ」という言葉のおかげで、CMでなにを描けばいいのかがすごく明確になった、と言っていました。

将軍コピーって、そういうものなんですね。あらゆることに対して、「こちらを向いてやってください」と指示を出す言葉なんです。

いわば旗印のようなものですが、企業や商品、ブランドのすべてを方向づける力にもなるだけに、将軍コピーを書くことはコピーライターにとって、これからも重要な仕事のひとつになっていくはずです。

言葉はキャラクターである。

「コピーは短い文章なんだ」と思っているうちは、コピーがうまくならないとぼくは思っています。

コピーは文章ではなくて、ある種の意思のかたまりです。そのことを説明するときによく用いるたとえが、ベクトルだったり、非常口のマークだったり、このお話のタイトルになっているキャラクターだったりします。

最近で言えば、廣瀬大さんが書いた日本マクドナルドの「ちょいマック」というコピーはまさにそうです。好きなときに手軽に選べる商品だけを集めたメニューの名称ですが、とくにすごそうでもないし、驚きがあるわけでもないし、名言でもないけれど、この言葉があるだけで、「ちょっとしたときにマックを使おう」と思える。

文字どおり、ペタッと貼って使う言葉ですよね。まさに本篇にも書いた「日用品」です。

念のためにつけ加えますが、日用品のコピーがすばらしくて、観賞用がダメだと言っているのではありません。前にもお話ししたように、世の中の人たちはか

日本マクドナルド／CM「ちょいマック 登場『迷う』」篇
（2020年1月放映）

なり名言好きですから、観賞用は観賞用でもちろん意味があります。

ただ、言葉をありがたがりすぎると、見えなくなってしまうものもあるんですね。

そうならないためにも、言葉はそもそも「道具にすぎない」という意識は、もっておいたほうがいいんじゃないかと思います。

平凡と非凡。平凡と普遍。

ここで言う「普遍」は、コピーを書きはじめた入門者がめざすものではありません。プロとして長くコピーを書いていくと、その先にはこういうこともありますよという、ひとつの可能性です。

本篇では「普遍」の例として、1990年代後半のペプシコーラの広告「ペプシマン」と新潮文庫の「Yonda?」をあげていますが、もちろん広告だけにあてはまることでもないでしょうね。いろんなものづくりにも言えることだと思います。

たとえば、(かなり古い例で申し訳ないですが)キャロル・キングの名曲『You've Got A Friend』もそうでしょう。友情について、ものすごくシンプルな言葉で書かれていますが、しっかりと真実をとらえていて、世界中の人たちの心を動かしてきました。まさに「普遍」です。

日本で言えば、これはさらに古い例ですが、宮澤賢治の『雨ニモマケズ』もそうです。特別なことや独特なことをねらって書いてはいませんよね。

すごく基本的で大切な「普遍」をちゃんと伝えています(ここにあげた2つの例は、あくまでぼくの個人的なチョイスです)。

「『なんかいいよね』禁止」の補足としてお話しした

「人となにが同じかを考える」にも通じるところかもしれませんが、こうやって一見、ごくふつうなのに、大きく世の中や人の気持ちを動かしていくような〝太い道〟もあるということです。

でも、別に必ず「普遍」を目指さなくてはいけないわけではありません。独特と非凡だけですごい仕事をしている人はたくさんいます。

ただ、独特なもの、非凡なものを追いつづけていくと、どこかの時点で「自分は変なことをやって目立とうとしているだけなのではないか」「本当にこれでいいのだろうか」と思ったりすることもあるんですね。

そのときにはぜひ、平凡とはまた違った「普遍」というやり方があることを思い出してもらえたらと思います。

—第4章　広告的「アタマのよさ」。—

「くり返すことができる」が、プロ。
エンジンとガソリン。

この2つの項目で語っていることは、言ってみればコピーライターとしての根本的な資質のお話です。

これから先、AIがさらに進化してもっともっと当たり前の存在になったり、なんらかのきっかけで社会の構造が大きく転換したりしたら、なにかが変わるかもしれませんが、少なくともこの17年間では、あえて指摘するほどの変化はなかったと思います。とくにつけ加えることはありません。

増補新版　あとがき

「君たちは広告のことをなにも知らないのだから、これまでのやり方にまったくとらわれない新しい表現を考えてほしい」

広告の公募賞などで、若い世代に向けてこうした発言をする審査員の方をたまに見かけます。

もちろんその方は、応募する人を激励し挑戦するためのハードルを下げようとして言葉をかけているのだと理解はしつつも、ぼくは「えーっ！　そんな難しいことを要求するんですか！」と驚いてしまうのです。

それはぼくにとって、次のようなことと同じに感じられます。

体操競技の未経験者であるぼくの前に突然ナショナルチームのコーチが現れ、「谷山くんは体操をいちどもやったことがないんだから、これまで誰も見たことのない〝タニヤマ〟という新技を披露してほしい」と頼まれる。

「いやいや、無理でしょ。まずは大車輪をきちんとできるところからでは？　いやそれ以前に、逆上がりを正確に練習させてくださいよ……」

スポーツに例えれば無茶すぎることが、なぜかクリエイティブの世界では、あいまいな雰囲気のままで語られていないか。「はじめに」のくり返しになるかもしれませんが、２００７年にこの本（旧版）の初版を世に出したときの動機はそんな気持ちでした。

そして、「増補新版」で17年後から語るじぶんも、相変わらず、「逆上がりと大車輪でいかにアタマを鍛えていくか」をしゃべり続けている気がします。

もともとの本は、ぼくがそれなりに悪戦苦闘して「じぶんが思うコピーと広告の本質はこうだ」との意気込みでまとめたものですので、そこになにをつけ足しても蛇足になってはいないかなあ……と少し弱気になってしまうときもありましたが、宣伝会議の刀田聡子さんと編集家の松永光弘さんの「大丈夫です！」の声のおかげで、いまの読者の方になにかしらプラスになる「増補」はできたのではないかと思います。

お二方に、そして2007年からこのタイミングまでに出会えたすべての読み手のみなさんに感謝します。

2024年3月　谷山雅計

宣伝会議 の書籍

広告コピーってこう書くんだ！相談室（袋とじつき）
谷山雅計 著

『広告コピーってこう書くんだ！読本』の実践・指南書。〝コピー脳〟を育てる21のアドバイスのほか、広告業界ではじめてキャンペーンコピーの書き方を体系化して解説。アイデアや発想に悩んだとき、〝コピーの壁〟にぶつかったときに、進むべき道を教えてくれる。

■本体1800円＋税　ISBN 978-4-88335-339-2

ホントのことを言うと、よく、しかられる。勝つコピーのぜんぶ
仲畑貴志 著

数十年にわたって時代を象徴するコピーを生み出してきたコピーライター・仲畑貴志がこれまでに手掛けた1500本を超えるコピーを収録。全仕事集であり、広告コピーの集大成といえる一冊。

■本体1800円＋税　ISBN 978-488335-209-8

ステートメント宣言。
岡本欣也 著

近年、多くの企業が掲げる方針、約束、声明、宣言などの「ステートメント」。本書では「ステートメント」を中心に、著者が培ってきた技法や考え方を公開。これからの時代におけるコピーライターに求められる仕事を改めて捉え直す。

■本体1800円＋税　ISBN 978-488335-5174

名作コピーの時間
宣伝会議書籍編集部 編

『ブレーン』の連載「名作コピーの時間」を書籍化。現役のクリエイター124人の心に刺さり、今でもお手本になるコピー。彼らをして「自分では絶対に書けない」と言わせるコピーを、エピソードとともに振り返る。

■本体1800円＋税　ISBN 978-4-88335-449-8

詳しい内容についてはホームページをご覧ください　www.sendenkaigi.com